説教

最後の晩餐

吉村和雄［著］

キリスト新聞社

はじめに

ここに収められている八編の説教は、いずれもわたしがキリスト品川教会の礼拝で語ったものです。主日礼拝で語ったものもありますが、多くは聖晩餐礼拝での説教です。

昨年、友人の平野克己牧師の説教集『説教　十字架上の七つの言葉』がキリスト新聞社から出されました。そこでは十字架上の主イエスの言葉による説教が収められていますが、この本に収められているのは、そこに至るまでの数日間の主イエスの歩みをも含めて語った説教です。

教会では、イースターの前、日曜日を除く四〇日間を受難節（レント）と呼び、わたしたちを罪の支配から解放するために十字架への道を歩まれた主イエスの救いの業を思いつつ、この時を過ごします。特にその最後の一週間を受難週と呼んで、主イエスのこの地上での最後の一週間と重ね合わせて特別な集会を持つ教会も、少なくありません。

ガリラヤを出られた主イエスは、イースターの一週間前の日曜日（「棕櫚《しゅろ》の日曜日」と呼びます）にエルサレムの町に入られます。昼は神殿で人々を教え、夜はエルサレムの隣にあるオリーブ山で過ごす日々を送って、木曜日の夜に、過越の祭の食事を弟子たちとなさいます。これがいわゆる「最後の晩餐」と呼ばれるものです。その後、イスカリオテのユダに率いられたユダヤ人たちに捕らえられ、大祭司の裁判と、ローマ総督ポンテオ・ピラトの裁判を受けて十字架刑の判決を受け、金曜日の朝に十字架につけられて殺されます。しかしながら夕方に墓に葬られた主は、三日目の日曜日の朝に復活をされたのです。

キリスト品川教会では、以前から、受難週の日曜日の礼拝後と、月・火・水・金曜日の朝と夜、教会員がそれまでの一年間に受けた神さまの恵みを証する集会を持っています（最近は発表する人が増えたために、受難週前の日曜日にも集会を持つようになりました）。木曜日はその集会を行わず、聖晩餐礼拝を行います。これは主が木曜日の夜に弟子たちと食事をされ、そこで聖餐を制定されたことを記念する礼拝です。ここに収められている説教の多くは、その礼拝で語られたものです。

使徒パウロは、わたしたちが心に刻んでおくべき最も大切なこととして「キリストが、聖書に書いてあるとおりわたしたちの罪のために死んだこと、葬られたこと、また、聖書に書いてあるとおり三日目に復活したこと、ケファに現れ、その後十二人に現れたこと」(コリントの信徒への手紙一五章三―五節)と語っています。その最初に挙げられている、キリストが聖書に書いてあるとおりわたしたちの罪のために死なれたという出来事が、どういう出来事であって、どのようにわたしたちの救いに関わるのかを語ったのが、これらの説教です。それは、今この本を手にしておられる、あなたのために神さまが起こされた出来事なのです。

二〇二三年一月一九日

吉村和雄

目次

＊本書の聖書の引用は『聖書　新共同訳』（日本聖書協会）による。

「キリストのエルサレム入城」
Félix Louis Leullier：フェリックス・ルイ・ルリエ

真実の王はどこに

《エルサレム入城》　二〇〇〇年二月二〇日　受難節前第三主日説教より

ルカによる福音書一九章二八－四〇節

イエスはこのように話してから、先に立って進み、エルサレムに上って行かれた。そして、「オリーブ畑」と呼ばれる山のふもとにあるベトファゲとベタニアに近づいたとき、二人の弟子を使いに出そうとして、言われた。「向こうの村へ行きなさい。そこに入ると、まだだれも乗ったことのない子ろばのつないであるのが見つかる。それをほどいて、引いて来なさい。もし、だれかが、『なぜほどくのか』と尋ねたら、『主がお入り用なのです』と言いなさい。」使いに出された者たちが出かけて行くと、言われたとおりであった。ろばの子をほどいていると、その持ち主たちが、「なぜ、子ろばをほどくのか」と言った。二人は、「主がお入り用なのです」と言った。そして、子ろばをイエスのところに引いて来て、その上に自分の服をかけ、イエスをお乗せした。イエスが進んで行かれると、人々は自分の服を道に敷いた。イエスがオリーブ山の下り坂にさしかかられたとき、弟子の群れはこぞって、自分の見たあらゆる奇跡のことで喜び、声高らかに神を賛美し始めた。

「主の名によって来られる方、王に、
祝福があるように。
天には平和、
いと高きところには栄光。」

するとファリサイ派のある人々が、群衆の中からイエスに向かって、「先生、お弟子たちを叱ってください」と言った。イエスはお答えになった。「言っておくが、もしこの人たちが黙れば、石が叫びだす。」

もうだいぶ以前に亡くなられた方ですが、榎本保郎という牧師がおられました。愛媛県にある今治教会の牧師を長くしておられた方です。非常にすぐれた指導者で、今でもこの方の書かれた聖書日課が用いられております。『新約聖書　一日一章』と『旧約聖書　一日一章』（主婦の友社）というものです。分厚い、しかししっかりした内容を持つ聖書日課です。この方が、『ちいろば』（聖燈社）、という題の小さな本を書いておられます。信仰者として、また牧師としてのご自身の歩みを記した本です。この方の生涯については、これも先日亡くなられた三浦綾子さんが詳しく書いておられまして、『ちいろば先生物語』（朝日新聞社、現在：集英社文庫）という題で本になっています。わたしも以前読んだことがありまして、非常に感銘を受けました。

「ちいろば」というのは、「小さなろば」という意味です。榎本先生がご自身のことをそういう言葉で言い表しておられる。「自分は、主イエスを背中にお乗せしてとことこ歩いていく、小さなろばだ」と言っておられるのです。人を乗せる動物としてわたしたちがすぐに思い浮かべるのは馬ですが、この方はそうは言わないのです。確かに、馬の方が力も強く、歩みも颯爽《さっそう》としている。しかし、自分は馬ではない。馬に比べれば、ずっと力も弱く、歩みもどこか頼りない、そういう「ろば」だ。しかし、そういうろばである自分が、主イエスを背中に乗せて、運んでいく。どこへでも運んでいく。いや、主イエスに乗っていただいて、運ばせていただいている、と言った方が正確かもしれない。そうやって、どこへでも主イエスが行きたいと思われる場所に、主イエスが必要とされているところへ、主イエスを運んでいく。主イエスの言葉を運んでいく。それが自分なのだ。それが自分の一生なのだ。そう榎本先生は言われるのです。

主イエスがこの自分の上に乗ってくださる。小さなろばである自分の上に乗ってくださる。そう榎本先生が言われたとき、先生の心の中に浮かんでいた情景は、恐らく今日の箇所が伝える、この情景であろうと思います。主イエスが、まだ子どもの、小さなろばに乗られて、エルサレムへ入られた。そういう出来事です。まだ子どもですから、体も大きくはありません。乗っておられた主イエスの足が地面についてしまうほどだったかもしれない。足もそんなに丈夫ではない。そういうろばが、主イエスをお乗せして、オリーブ山を下り、シオンの丘を登ってエルサレムに入るのです。

しかしながら、主イエスはいつもろばに乗っておられたわけではありません。主はいろいろなところへ旅をなさいましたが、乗り物に乗られたという記事は他にはないのです。舟に乗ってガリラヤ湖を渡られた、という記事は度々出てまいります。しかし陸地を旅されるときには、主イエスは足で歩いて旅をなさったのです。

このときもそうです。ガリラヤから旅をしてこられて、エルサレムを目前にしているのです。エルサレムは「シオン」という丘の上にあります。その隣に並んでいる山が、オリーブ山です。山全体がオリーブ畑になっていたのでこう呼ばれたと言われています。この山の麓《ふもと》まで来られた。これを越えて、シオンの丘を登ればエルサレムです。主はそこで、ろばに乗られたのです。初めて、ろばに乗られたのです。

なぜ主イエスはここで、ろばに乗られたのでしょうか。しかも主はそのろばを、わざわざ弟子たちに捜しに行かせました。長旅の最後に、疲れを覚えていたからでしょうか。もしそうだとしたら、まだだれも乗ったことのない子どものろばを連れてきなさいと言われたのは理解できません。人を乗せるのに馴れた大人のろばの方が安心ですし、乗りやすいに決まっています。しかし主はそうなさらなかった。わざわざ未経験の子どものろばを連れてこさせて、それに乗られたのです。

このときの主イエスの行動について、聖書を研究するほとんどの学者たちが指摘していることがあります。それは、ここで主イエスは旧約聖書が預言していたとおりのことを行われたのだ、ということです。旧約聖書にゼカリヤ書という文書があります。その中にこういう預言が記されているのです。

娘シオンよ、大いに踊れ。
娘エルサレムよ、歓呼の声をあげよ。
見よ、あなたの王が来る。
彼は神に従い、勝利を与えられた者
高ぶることなく、ろばに乗って来る
雌ろばの子であるろばに乗って。
わたしはエフライムから戦車を
エルサレムから軍馬を絶つ。
戦いの弓は絶たれ
諸国の民に平和が告げられる。
彼の支配は海から海へ
大河から地の果てにまで及ぶ。（ゼカリヤ書九章九―一〇節）

「見よ、あなたの王が来る」。主イエスはここでこの言葉に従われたのです。「雌ろばの子であるろばに乗って」という預言です。だからここで主イエスは子どものろばに乗られたのです。これは主イエスの宣言です。「わたしがあなたがたの王なのだ」という宣言です。王として、主はエルサレムに入られたのです。

今年のイースターはいつもより少し遅くて、四月二三日です。その一週間前、今年で言えば四月一六日ですが、その日を「棕櫚の日曜日（主日）」と呼びます。実は今日の箇所が伝えるこの出来事は、主イエスが復活される一週間前の日曜日の出来事だと言われているのです。同じ出来事を伝えるヨハネによる福音書第一二章を読みますと、このとき「大勢の群衆は、……なつめやしの枝を持って迎えに出た」と書いてあります。このなつめやしの枝を、以前の翻訳では「棕櫚の枝」と訳しておりました。人々が棕櫚の枝を持って主イエスを歓呼して迎えたと書いてあるのです。それでこの日を「棕櫚の日曜日」と呼ぶのです。

しかしながらわたしは、今回このルカの福音書のこの箇所を読んで、ルカが伝えているこのときの様子は、他の福音書が伝えているものと、そしてわたしたちがイメージしてきたものとだいぶ違っている、ということに気づかされました。ここには、主イエスを歓呼して迎える群衆はいません。確かに、群衆はいたのです。ファリサイ派の人が群衆の中から叫んだ、と書いてあるのですから、大勢の人々がそこにいたことは間違いない。しかし、歓呼して迎えてはいないのです。主イエスと弟子たちの一行を、じっと見ているだけです。

そういう中で、喜びにあふれていたのは弟子たちです。しかし、そんなに大きな数ではありません。中心となっていたのは十二人です。その周辺にいた人たちが加わっていたとしても、そんなに大勢ではありません。この人たちだけが、主イエスを喜んだのです。ある人が、ろばの上に自分の服をかけて主イエスをお乗せし、ろばが歩き出すと、他の弟子が自分の服を道に敷いたのです。自分の持ち物の上を王が進んで行かれるように。この王こそ、自分と自分のすべての持ち物の支配者であることを示すために、そのようにしたのです。そして大声で、賛美の歌を歌いました。

主の名によって来られる方、王に、

祝福があるように。
天には平和、
いと高きところには栄光。

この歌の最初の部分、それは旧約聖書の詩編一一八編二六節の言葉です。これはエルサレムに来る巡礼者たちが歌った歌だと言われています。よく知られていた歌です。でも弟子たちはこの歌を少し変えて歌っています。もともとの詩編の言葉は、「祝福あれ、主の御名によって来る人に」という言葉です。弟子たちはこれに、「王に」という言葉を付け加えました。「主の名によって来られる方、王に、祝福があるように」と歌ったのです。喜びにあふれて、この方こそ王なのだと歌ったのです。この方こそ、わたしたちを支配なさる方。この方の支配のもとにあるとき、この方の言葉に聞き従って生きるときに、わたしたちはもっともよく生きることができる、そういう方だ。その方がここにおられる。そう歌ったのです。

先週の月曜日に、役員会をいたしました。その中で来年度の課題について話し合い、三つの課題が挙げられました。

その第一は、「聖書を読み、祈る生活をしよう」ということです。教会が掲げる課題としては、当たり前すぎるほどの課題です。聖書を読まず、祈らないで信仰生活ができるかとだれでも思うのです。しかしわたしは、今回この課題を、新しい思いで受け止めたいと思っています。わたしたちが、この課題をどれだけ真剣に、体の真正面で受け止められるかということに、この教会の将来がかかっている、とまで思っています。聖書を読む。それは本として、文書として読むことではありません。そんな読み方なら教会の外でもやっています。信仰を持たなくても、神さまなんか信じなくても、わたしたちよりももっと上手に、一冊の本として読む読み方ができる人が、この世にはたくさんいるのです。わたしたちがその仲間になることはない。わたしたちは、この聖書を、神さまの言葉として読む。この聖書の説き明かしを、わたしたちが聞き従うべき神さまの言葉として聞く。そして祈る。それを課題にしたいと思うのです。

聞き従うなどとは窮屈ではないか、と思われる方がおられるかもしれませんが、わたしたちはそうは思わない。本当に聞くべき言葉、全身を預けるように信頼して聞くことのできる言葉を持っていることは幸いです。自分しか信じられない、というほど寂しい生き方はない。しかし、聖書の言葉、イエス・キリストの言葉には真実があります。わたしたちが聞き従って間違いない言葉がここにあるのです。

わたしたちが聞き従うべき方、王とすべき方がここにおられる。弟子たちはそう歌いました。自分の見たあらゆる奇跡のことで喜んだのだ、とルカは言います。信じて、従った者たちが見せていただいた奇跡です。主イエスの言葉によって人が変えられていく。病の中にあった人、絶望の中に座り込んでいた人が立ち上がる。そういう場面を見た。いや、人間だけではない。自然もまた、この主イエスの言葉に服した。そういう出来事を見てきた。だから歌ったのです。

「天には平和、いと高きところには栄光。」

これが彼らの歌の最後の言葉です。この言葉を聞いて、すぐに思い出すのは、クリスマスの夜、野宿しながら羊の群れの番をしていた羊飼いたちに現れた天使が歌った歌です。

「いと高きところには栄光、神にあれ。
地には平和、御心に適う人にあれ。」（ルカによる福音書二章一四節）

天に栄光があるように、地に平和があるように、天使はそう歌いました。しかしここで弟子たちは、「天に平和」と歌いました。天には平和があると歌ったのです。この地上にはまだ平和がない。人の罪がこの地を支配している。だから争いがやまない。生きることの悩みが尽きない。しかし天には平和がある。そしてそれは必ずこの地上にもたらされる。いつか必ず、この地上に平和が来る。そう信じる。大勢の群衆の前で、弟子たちはそう歌って主イエスと共に歩いたのです。

今日の箇所の最初は、「イエスはこのように話してから」という言葉です。「このように」とは、この前の箇所にある「ムナのたとえ」と呼ばれるたとえ話を指しています。人々に憎まれている主人が、王になるために旅に出る。その間に僕《しもべ》たちが少ない元手で商売をする、という話です。まわり中敵だらけ、という状態で、本当に苦労しながら商売をした。主人が、自分のようなものを信頼してお金を預けてくれた、その信頼に応えたいと思ったからです。しかしその信頼を感じ取れなかった僕は、主人を恐れ、人々を恐れて、商売をしなかった。預かった金をしまい込んでしまった。そして厳しく叱責されたという話です。

恐らく弟子たちも、そういう思いをしたのでしょう。弟子たちだけ、二人ずつ組になって、宣教に遣わされたことがありました。恐る恐る人々の中に入り込んでいって、神の国を宣べ伝える。そういう経験をしました。人々を恐れて、語るべき言葉をしまいこんでしまう誘惑があったに違いない。しかし、そこを一歩踏み出して語ったとき、思いがけず人々に受け入れられて驚いた。そういう経験をしたのでしょう。

このときもそうでした。二人の弟子が、「まだだれも乗ったことのない子どものろばを探してきなさい」、と言われて、知らない村へ遣わされていきました。「見つけたら、それをほどいて連れてきなさい。だれかに見とがめられたら、『主がお入り用なのです』と言えばいい」。そう言われて遣わされたのです。いったい、そんなに簡単に見つかるものだろうか。そして見つかっても、連れて帰れるだろうか。「主がお入り用なのです」と言え、と主イエスはおっしゃったけれども、そんな簡単なことで話がつくのだろうか。家畜泥棒と間違えられたらどうするのか。考えれば考えるほど不安になってきたに違いありません。しかし主のお言葉だから、と出かけて行く。そして幸いにして、ろばを見つけ、ほどいて帰ろうとする。当然持ち主に咎《とが》められます。「何をするのか」と言われる。震える声で、教わったとおり「主がお入り用なのです」と言ってみる。すると不思議なことに、持ち主があっさり許してくれた。

この弟子たちはどんなに驚き、喜んだことでしょう。恐らくその主人もまた、主イエスの噂を聞き、主イエスに好意を持っていた人に違いありません。あるいは主イエスを王として受け入れていた人かもしれない。自分たちの不安にもかかわらず、そういう不安な思いに先回りするように、王としての主イエスの御名がここまで届いている。二人はそのことに驚き、喜んで帰ってきたに違いありません。

弟子の群れは、こぞって自分の見たあらゆる奇跡のことで喜び、神を賛美した、と言われていますが、その奇跡の中には自分たちが体験したこういう出来事も含まれていたに違いないのです。だから確信を持って、「この方こそ王である」と歌った。喜んでそう歌ったのです。

そして主イエスもまた、弟子たちのこの賛美を受け入れてくださいました。

「先生、お弟子たちを叱ってください。」

群衆の中からファリサイ派が抗議の声を上げたときです。恐らくエルサレムを支配していたローマの目を気にしたのでしょう。王様だ、王様だなどと派手な騒ぎをすれば、ローマ兵がやってきて面倒なことになります。だから黙らせてほしい。そう言ったのです。しかし、それに対して主イエスはこう言い返されました。

「言っておくが、もしこの人たちが黙れば、石が叫びだす。」

この人たちの歌声を、押しつぶすことはできないと言われたのです。もしこの人たちを黙らせたなら今度は道端の石が叫びだす。「この方こそ王だ」と叫びだす、そう言われた。御自身の体を張って、弟子たちの賛美の歌声を守られたのです。

けれども、わたしたちは知っています。この弟子たちの歌声が消えてしまったときがあったということを。ここで声高らかに賛美していた弟子たちが、黙ってしまったときがあったということを。それはこのときから、ほんの数日後です。主イエスが捕らえられ、十字架の上で殺されたときです。そのとき、弟子たちは皆、主イエスを見捨てて逃げ去りました。弟子のひとりのペトロは、「自分はイエスなど知らない」と人々に向かって言い張ったのです。この世の力の前に、もろくも弟子たちが黙らせられてしまったのです。

しかし、この世の力が彼らを黙らせることに成功したと思ったとき、奇跡が起こりました。殺された主イエスがよみがえってしまわれた。そして、この歌声も、主イエスと共によみがえりました。より力強くなって、よみがえったのです。そしてそれからは、どんなことがあっても、どんな力の前であっても、弟子たちのこの賛美はやまなかった。彼らが殺されても、やむことはなかったのです。まさしく「この人たちが黙れば、石が叫びだす」と言われた、主イエスのお言葉のとおりだったのです。

先ほど、役員会で来年度の課題について話し合った、ということを申し上げました。課題の二番目は「ひとりがひとりの伝道に取り組もう」ということです。ひとりの人を教会に誘いましょう、ということです。何だ、今年と同じではないか、と思われるでしょうか。そのとおりです。今年と同じです。でもその役員会でこういう話があったのです。昨年の役員会で、ひとりがひとりの伝道に取り組もう、という課題を決めて、教会総会に提案した。しかしこの一年、わたしたち役員会が本気でこれに取り組んだか。その努力をしたと言えるか。わたしたち責任者が動きもしないで、教会員を動かそうというのはどだい無理なことではないか、と。そのとおりです。こういう議論を経て、役員会は、もう一度これを課題に掲げることにしたのです。もう一度掲げる、ということは、自分たちが率先してこれに取り組む、ということです。

主イエスは言われました。「もしこの人たちが黙れば、石が叫びだす」と。石に叫ばせておいていいはずはありません。叫ぶのは、わたしたちです。主イエスを神の独り子、わたしたちの救い主と信じているのは、道端の石ではなくて、わたしたちだからです。

「使徒の足を洗うキリスト」
Dirck van Baburen：ディルク・ファン・バビューレン

《洗足》　二〇〇九年四月九日　聖晩餐礼拝説教より

主の愛につつまれて

ヨハネによる福音書 一三章一－一一節

さて、過越祭の前のことである。イエスは、この世から父のもとへ移る御自分の時が来たことを悟り、世にいる弟子たちを愛して、この上なく愛し抜かれた。夕食のときであった。既に悪魔は、イスカリオテのシモンの子ユダに、イエスを裏切る考えを抱かせていた。イエスは、父がすべてを御自分の手にゆだねられたこと、また、御自分が神のもとから来て、神のもとに帰ろうとしていることを悟り、食事の席から立ち上がって上着を脱ぎ、手ぬぐいを取って腰にまとわれた。それから、たらいに水をくんで弟子たちの足を洗い、腰にまとった手ぬぐいでふき始められた。シモン・ペトロのところに来ると、ペトロは、「主よ、あなたがわたしの足を洗ってくださるのですか」と言った。イエスは答えて、「わたしのしていることは、今あなたには分かるまいが、後で、分かるようになる」と言われた。ペトロが、「わたしの足など、決して洗わないでください」と言うと、イエスは、「もしわたしがあなたを洗わないなら、あなたはわたしと何のかかわりもないことになる」と答えられた。そこでシモン・ペトロが言った。「主よ、足だけでなく、手も頭も。」イエスは言われた。「既に体を洗った者は、全身清いのだから、足だけ洗えばよい。あなたがたは清いのだが、皆が清いわけではない。」イエスは、御自分を裏切ろうとしている者がだれであるかを知っておられた。それで、「皆が清いわけではない」と言われたのである。

主イエスが、十字架にかかられる前、弟子たちとなさった最後の晩餐の席で、主が弟子たちの足を洗われたという記事を読みました。ヨハネによる福音書は、聖餐の制定の場面を伝えておりません。代わりに伝えているのが、この出来事です。しかし、それは福音書がそれぞれに別々のことを伝えているということではないと思います。聖餐において明らかにされていることと、主イエスが弟子の足を洗われたということの出来事が明らかにしていることとは、深いつながりがある。それ故にヨハネによる福音書はこの出来事を記していると、そう思います。

さて、過越祭の前のことである。イエスは、この世から父のもとへ移る御自分の時が来たことを悟り、世にいる弟子たちを愛して、この上なく愛し抜かれた。

これが初めの言葉です。「世にいる弟子たちを愛して、この上なく愛し抜かれた」。他の聖書によれば、「極みまで」です。極みまで、愛し抜かれた。この言葉は、今日の箇所が伝える出来事と、それに続く出来事全体の枠組みとなる言葉です。主イエスが弟子の足を洗われた。それは主イエスが弟子たちを、極みまで愛し抜かれたということだという。いやそれだけではありません。この後捕らえられ、裁判を受け、十字架にかけられ、復活される。そのすべての出来事を通して、弟子たちが経験したもの。それは、極みまで自分たちを愛してくださった主イエスの愛だ、というのです。この愛が最後まで貫かれて、すべての出来事が起こったのだと、ヨハネはそう言うのです。

それらの一連の出来事の初め、それが、主イエスと弟子たちとの食事です。しかしその食事のときに、悪魔は、イスカリオテのユダの心に、主イエスを裏切る思いを抱かせていたというのです。この時点で、すでにユダは裏切りの思いを固めていたのです。しかしわたしたちはここで、聖書が「悪魔がその思いを抱かせた」と言っていることに注意をしたいと思います。ユダの心の中から出てきたのではない。悪魔が抱かせたのです。

わたしたちは、自分の心が悪い、心の中から悪い思いが出てくる、と言います。そう言って自分を責めるのです。しかし、聖書はそうは言わない。悪魔が働いているのだというのです。悪魔が罪深い思いを抱かせるのだ、と言うのです。

以前、子どもと大人が一緒にする礼拝で、「罪というのは、自分を心から愛してくれる人を、悲しませることとだ」と話したことがあります。何か不道徳なことや、悪いことをするというのではない。愛してくれる人を傷つけること、悲しませること、それが罪だと。こういう話し方をすれば、子どもにもわかるかと思って、そう話したのですが、むしろこういう言葉を真剣に受け止めてくれたのは、大人たちのようです。

そうです。愛を裏切ること、それが罪です。極みまで愛し抜いてくださる方を裏切ること、それが罪です。でもそういう罪の思いは、わたしたちの心の中に本来あるものではありません。悪魔が働くのです。そしてそういう思いを、わたしたちの心の中に生まれさせるのです。

聖書は、悪魔を言い表すのに、いくつかの言葉を用います。ここで用いられているのは「ディアボロス」という言葉です。人を貶《おとし》める者、悪口を言う者、という意味です。「どうせ人間なんてこの程度の者だ」「お前なんて、救われる価値もない」。そういうことを言う者、言いたがる者、それが悪魔です。わたしたちの弱いところや、だめなところを引きずり出して、それを見せつけて、望みを失わせようとする。それが悪魔の働きです。自分を極みまで愛してくれる人を裏切る。これは人間として最低のことです。本当に情けないことです。その情けない姿の中に、わたしたちを引きずり込む、それが悪魔です。その悪魔が、この世の中で働いているのだ、と聖書は言うのです。

しかしながら、聖書がそう指摘してくれることはわたしたちにとっては希望なのです。自分の心から出てくるものなら、戦いようがありません。けれども悪魔の働きなら、戦うことができます。どうやって戦えばいいか。愛を見つければいいのです。

自分は、自分を本当に愛してくれる人を、悲しませてはいないだろうか。自分の近くにいてくれる人に、苦労を負わせてはいないだろうか。自分を信じてくれる人、子どものように素直に信じてくれる人を、失望させてはいないだろうか。そのように自分に問うて、もしそういうことがあるのだったら、それに気がついたら、行いを改めればよいのです。大事なことは、自分のために悲しんでくれる人がいるということは、愛されている、ということです。わたしのために苦労してくれる人がいる、ということは、愛されているということなのです。その愛に気づけばいいのです。そしてその愛に、応えて生きるように、向きを変えればいいのです。悪魔は愛が苦手です。愛のあるところでは、悪魔は存在ができません。

もうひとつ、ここで大切なことを聖書は語っています。そのように悪魔がユダに裏切りの思いを抱かせていたとき、主イエスは、父がすべてを御自分の手に委ねられたことと、御自分が神のもとに帰ろうとしていることを悟っておられた、ということとです。ユダの裏切りは、悪魔の働きです。その悪魔の働きによって、ユダは人間らしさを失ってしまっています。情けない行動を取ろうとしています。でもそれは主イエスにとっては、まったく別な意味を持っていたのです。

このとき、主イエスは父なる神さまの声を聞いておられた。「さあ、この世を救う働きを、すべてお前の手に委ねる。最後までやり抜いてほしい」という声です。そしてその声に応えて、主イエスは、救いの業をすべて成し遂げて、父なる神さまのもとへ帰る。そのことを、見通しておられたのです。悪魔のやっていることとは、主イエスにはすべてお見通しだったのです。それだけではない。その悪魔のたくらみを用いて、主イエスは、この世を救う業を完成されるのです。これは神さまがなされた奇跡です。ですからこの時点で、悪魔は負けているのです。悪魔のたくらみは、見事にやぶられているのです。このことを、忘れてはなりません。

今でも、悪魔はこそこそと働いています。だから弱いわたしたちは、不安になったり、不信仰を悩んだり、こんな自分でいいのかと思ったり、こんな教会でいいのかと思ったりします。しかし、そういう悪魔の働きは、最後の無駄な抵抗のようなものです。なぜなら、神さまは、悪魔が勝利することを、絶対にお許しにならないからです。

このとき、主イエスが弟子たちの足をお洗いになったということの行動も、悪魔の働きに対する、主イエスの挑戦です。悪魔の働きを十分に知りながら、主イエスは、食事の席から立ち上がって、上着を脱ぎ、手ぬぐいをとって腰に巻き、たらいに水をくんで、ひとりひとり弟子たちの足を洗い始められました。何も言わずに、黙々と足を洗ってくださった。恐らく弟子たちも黙って、足を差し出していたのでしょう。主イエスがどうしてこんなことをなさるのかわからない。でもだれもその疑問を口に出す者はいません。ただ黙って言われるがままに主イエスの前に足を出す。そして洗っていただく。そうやってペトロの番になったのです。

　今夜、こうして主イエスの聖晩餐を祝う礼拝をしている教会は少なくないと思います。カトリック教会では、聖晩餐の夜に、洗足式というものが行われるといいます。何名かの信徒の足を、司祭が洗うのです。その記事を読んで、わたしは品川教会でも、牧師が信徒の足を洗うということがあってもいいのではないか、と思ったことがあります。ただ、洗われる側になる皆さんの気持ちはどうでしょうか。わたしが「皆さんの足を洗いましょう」と言ったら、喜んで足をお出しになるでしょうか。ちょっと躊躇《ちゅうちょ》するところがあるのではないでしょうか。牧師に足を洗わせるのは申し訳ない、という思いをされると思います。足というのは、人に見せるものではありません。汚れていたり、におったりします。わたしが「皆さんの足を洗います」と言ったら、洗ってもらう前に、自分で洗ってくるという人が必ずいるでしょう。自分で洗ってしまったのでは、洗ってもらう意味がないのですが、でもそうしたいという思いをされると思います。

　ペトロもそうでした。主イエスに足を洗ってもらうわけにはいかない、と思ったのです。この時代にはわたしたちが履いているような靴などありません。草履のようなものを履いて、舗装もされていない道を歩きます。だから足は泥だらけです。そんなところを主イエスに見せるわけにはいかない。わたしを見るのなら、そんな汚いところではなくて、もっときれいなところを見てください。そういう思いも、あったかもしれません。でも主イエスはそれを拒否なさいました。

「もしわたしがあなたを洗わないなら、あなたはわたしと何のかかわりもないことになる。」

この主イエスの言葉は、わたしたちが決して忘れてはならない言葉です。わたしがあなたの足を洗う。それ以外に、わたしとあなたの関係があると思うのか、と言われたのです。こう言われて、ペトロはショックだったと思います。弟子として主イエスに三年間従ってきて、自分と主イエスの間には、もっと豊かな関係がある。愛と信頼の関係がある。そう思っていたと思う。それは間違いではない。でもその根底にあるもの、根底にあって、それらすべての関係を支えているものは何か。それは、わたしがあなたの足を洗う。そのことだ、と主イエスは言われたのです。ペトロにとっては、意外だったかもしれません。

でもこれは本当に大きな恵みです。わたしたちと主イエスとの関係、それはわたしたちが主イエスに足を洗っていただいた、という関係なのです。その一点でわたしたちと主イエスは結びついているのです。もちろんわたしたちは主イエスの弟子です。弟子として主イエスに仕えるし、弟子として主イエスを信じるし、弟子として主イエスを愛するのです。しかし、たといそういうことが何ひとつできなくても、ただ主イエスに足を洗っていただいたというそのことだけで、わたしたちは主イエスの立派な弟子なのです。そのことを忘れないでもらいたい。そうしたらあなたは立てる。悪魔がどういうたくらみをしようと、どういう試みをしようと、あなたは立てる。ペトロの足を洗うことによって、主イエスはこのことを、明らかにしてくださったのです。

そして、もうひとつ、わたしたちが心に刻んでおくべきことがあります。「わたしとあなたとは何のかかわりもない」と言われて、ペトロがびっくりして、「それでは、足だけでなく手も頭も洗ってください」と言ったときに、主イエスが、それは必要ないとおっしゃったことです。「すでに体を洗った者は、全身清いのだから、足だけ洗えばよい」と言われた。あなたは全身清いのだ、と断言なさったのです。

ペトロの言葉は考えようによっては、信仰深い言葉のように思えます。「主よ、足だけでなく、手も頭も洗ってください。全身を洗ってください。そしてわたしの全部を清めてください」。その言葉は嘘ではないでしょう。この自分が本当に罪深くて、どうしようもない人間だと思うからそう言うのです。けれども、主イエスは、そういうペトロに向かって「あなたは全身が清いのだ」と言われるのです。この言葉をわたしたちも、きちんと受け止める必要があると思います。主イエスは、わたしたちが、どうしようもない罪人だと、思っておられないのです。「そうではない」と言われるのです。

だからわたしたちは、あまり簡単に「わたしは罪人です」とか、「どうしようもない人間です」などと言わない方がいい。いやむしろ、言えないのです。それは、信仰深い言葉であるように見えて、実は不信仰の言葉です。主イエスが自分のために何をしてくださったか、ということを、きちんと受け止めていない者の言葉です。

主イエスは、「わたしがあなたの全身を清くしたのだ」と言っておられるのです。十字架の上で命を捨てて、そうしてくださった。そしてわたしたちは洗礼を受けて、その清さを、自分のものとしていただいたのです。だからわたしたちは、全身清いのです。自分の目にどう見えようと、他の人たちがわたしたちを見てどう言おうと、わたしたちは全身清いのです。そのことを、わたしたちは忘れてはならない。

この清さは、わたしたちを本当に愛してくださる方だけが見ることのできる清さだと思います。子どもを心から愛している親には、その子のよいところがちゃんと見えます。それが本当に小さくて、他の人には全然見えないものであっても、親の目には見えるのです。そういう目で、主イエスはわたしたちを見てくださる。わたしたちが、ほんのわずか、主イエスを愛したこと。ほんのわずか、主イエスを信じたこと。ほんのわずか、御言葉を聞いて喜んだこと、希望を持ったこと、そういうことを主イエスはちゃんと見ていてくださる。だから、「お前は全身が清い」と言ってくださるのです。

この出来事の後、ペトロは主イエスを裏切ります。そして男泣きに泣くのです。ペトロはそのことを知りません。でも主イエスは知っておられる。「それでもなお、あなたは清い」と言われるのです。「わたしがあなたを清めたのだ」

と言われるのです。だからペトロは立ち直れたのです。

わたしたちは、自分を「どうしようもない罪人です」などとは、軽々しく言えないのです。主イエスが、わたしたちを清めるために、死んでくださったからです。だから、足だけ洗えばいいのです。そして主イエスは、毎週、わたしたちの足を洗ってくださる。


先ほど、カトリック教会の司祭は、信徒の足を洗う、という話をしました。でもわたしはそのことを聞いて思ったのです。これはわたしが毎週の礼拝でしていることだと。週ごとにわたしたちは集められて、罪の告白をし、御言葉を聞き、聖餐を受けて、一週間の生活に遣わされます。それは、言葉を変えて言えば、一週間の汚れを洗っていただいて、きれいにしていただいて、送り出していただいている、ということです。全身がきれいでも、この世の生活で、足は汚れます。だから毎週きれいにしていただく。そしてそのために、牧師であるわたしが仕えている。主イエスが皆さんの足を洗ってくださる。そのことのために、わたしが仕えている。わたしはそう思うのです。

大切なことは、それが主イエスの愛の業であることです。主イエスは弟子たちを愛して、極みまで愛し抜かれました。その愛は、今わたしたちに注がれています。主はわたしたちをも、極みまで愛してくださっています。その愛の中で、わたしたちの信仰生活は営まれている。そのことがどんなに幸いなことかを、わたしたちは心に刻んでおきたいと思うのです。

今日もこれから、聖餐に与ります。弟子たちを、最後の晩餐の席に招いてくださった主が、わたしたちをも、聖餐の食卓に招いてくださいます。主イエスが清めてくださった弟子として、主イエスが愛し、誇りに思ってくださる、そういう弟子として、わたしたちも招かれています。喜んで、感謝して、その招きに応えたいと思う。そして生涯、この方の弟子であることを喜びとし、誇りとして、わたしたちも生きていきたいと思うのです。

「最後の晩餐」
Peter Paul Rubens：ピーテル・パウル・ルーベンス

《聖晩餐》　二〇一六年三月二四日　聖晩餐礼拝説教より

主の晩餐を共に

マルコによる福音書一四章二二－二六節

一同が食事をしているとき、イエスはパンを取り、賛美の祈りを唱えて、それを裂き、弟子たちに与えて言われた。「取りなさい。これはわたしの体である。」また、杯を取り、感謝の祈りを唱えて、彼らにお渡しになった。彼らは皆その杯から飲んだ。そして、イエスは言われた。「これは、多くの人のために流されるわたしの血、契約の血である。はっきり言っておく。神の国で新たに飲むその日まで、ぶどうの実から作ったものを飲むことはもう決してあるまい。」一同は賛美の歌をうたってから、オリーブ山へ出かけた。

キリスト品川教会では受難週になると毎日、朝と夜、教会員による証と祈りの会が開かれます。そこで語られることは、神さまがどのようにひとりひとりの生活の中で働いてくださったか、ということについての証です。

証の内容は、人によってさまざまです。健康や生活が守られたこと、病が癒されたこと、家庭が平安であったこと、職業生活が順調であったこと。それらひとつひとつは大切なことです。けれども、いちばんはっきりとした神さまの恵みの出来事は、神さまが御言葉を語ってくださった、ということです。今回の証の中でも、何人もの、そのような証を聴くことができました。礼拝の説教を通して、あるいは教会研修会での話を通して、神さまが御言葉を語ってくださり、御心をはっきりと示してくださった。それによって、励ましが与えられ、あるいは悔い改めて新しい出発をすることが許された。それは、何物にも代え難いすばらしい出来事です。信仰生活というのは、知識ではありません。いくら聖書の知識をため込んでも、それでは信仰生活はできません。信仰生活を作るのは、神さまとの生きた交わりです。神さまが生きておられることを知り、わたしたちの祈りを、確かに神さまが聞いてくださることを知る。それが信仰生活を作ります。

しかしながら、そのようにわたしたちが神さまとの交わりを持つことができるのは、神さま御自身がそのことを願ってくださるからです。わたしたちの知識や努力で、交わりを作り出すのではないのです。わたしたちの天の父でいます神さまがそれを願ってくださり、イエス・キリストを通して、交わりの手を差し伸べてくださっているのです。だからこそ、わたしたちは神さまと交わりを持つことができるのです。そしてその思いが、どれほど強いものかを示すのが、聖餐です。

一同が食事をしているとき、イエスはパンを取り、賛美の祈りを唱えて、それを裂き、弟子たちに与えて言われた。「取りなさい。これはわたしの体である。」

「一同が食事をしているとき」。これは、過越の祭の食事です。主イエスは、弟子たちと一緒に、過越の祭の食事をされました。食事というのは、だれでも楽しんでするものであることを願うものです。恐らく弟子たちも主イエスと、笑いながら食べる楽しい食事を何度もしたことでしょう。しかしこの食事はそうではありませんでした。このとき主イエス一緒に食事をしていた十二人の弟子のひとりイスカリオテのユダが裏切りを企てておりました。この食事の最中に、主イエスはそのことを予告なさいました。いちばん自分に近くいる者が、主である自分を裏切る、という予告です。この主イエスの予告は、御自分を裏切ろうとしていたユダに対して、「踏みとどまれ」「罪を犯すな」、というメッセージを込めた予告であったとわたしは思います。それでも、それは間違いなく弟子たちに衝撃を与えました。しかしながら事はそれだけでは済みませんでした。「弟子のひとりが裏切る」、という予告に続いて、主イエスは弟子たちに向かってこう言われたのです。

「あなたがたは皆わたしにつまづく。」

つまづく、とは失望して離れ去るということです。弟子たち全員が自分に失望して、見捨てて逃げ去るというのです。弟子たちにとっては、心外なことであったと思います。

しかしその弟子たちの先頭に立って、「たとえ、みんながつまづいても、わたしはつまづきません」と言い放ったペトロに向かって、主はこう断言されました。

「はっきり言っておくが、あなたは今日、今夜、鶏が二度鳴く前に、三度わたしのことを知らないと言うだろう。」

そして事実はその主イエスの言葉どおりだったのです。このとき主イエスが作り上げた弟子たちの交わりは崩れようとしておりました。ひとりの裏切り者を出しただけではなく、総崩れになるのです。何時間も経たないうちに、だれひとり主イエスと共にいる者がいなくなってしまうのです。主イエスのみ、そのことを知っておられました。それを知りながらこの食事に臨まれたのです。いや、それを知っておられたから、この食事に臨まれ、そこで聖餐を制定されたのです。

一同が食事をしているとき、イエスはパンを取り、賛美の祈りを唱えて、それを裂き、弟子たちに与えて言われた。「取りなさい。これはわたしの体である。」

　ユダヤ人の食事は、いつでも大体同じ形をとると言われています。初めに前菜が出され、それが終わって本格的に食事が始まるときに、家の主人が立ってパンを手に取り、短い感謝の祈りを献げてからそれを裂いて食卓にいる全員に配るのです。その感謝の祈りは次のようなものであったと言われています。

　　我らの神、世界の王である主がほめたたえられますように。
　　あなたは大地からパンを出《い》だせられます。

　大地からパンを出だせられる。わたしたちを養うためです。わたしたちは食べる物がなくては、この命を保つことができません。食事の度ごとにそのことを思い起こすのです。そして同時に、そのようなわたしたちのために、神さまが大地からパンを出だせられる。そのようにして、わたしたちを養い給う。そのようにしてわたしたちの命を顧みてくださる。そう祈るのです。そう祈って、それからパンを裂いて皆に配る。そうやって、そこにいるすべてのものが、この神の恵みによって生きているものであること示すのです。

このときも恐らく主はそういう祈りを祈られたと思います。それからパンを裂いて弟子たちに配られた。しかしそのときに、主イエスは他の人なら決して言わない言葉、言えない言葉をつけ加えられました。

「取りなさい。これはわたしの体である。」

いったい、そのときそこにいた者たちは、どういう思いでこの言葉を聞いたのだろうかと思います。「これはわたしの体だ」と言って差し出されたパンを、どういう思いで見たことでしょうか。パンはパンです。どう見ても普通のパンです。しかしそれを御自分の体だと言われる。どういう意味であろうか。恐らくその意味を、そのときにはだれも理解できなかったと思います。けれどもだれひとり、聞き返す者はありませんでした。「わたしの体だ」と言って差し出されたパンを、皆黙って受け取って、食べたのです。

それから主イエスは杯を取られました。ユダヤ人の食事では四回、ぶどう酒が杯に注がれ、回されることになっていると言います。その内の三度目の杯、食事が終わってすぐに回されるものが「祝福の杯」と呼ばれるものでした。そのときにも主人が立って、感謝の祈りを祈ってから一同に回すのです。そのときには、神さまが自分たちをエジプトから救い出してくださったこと。豊かな約束の地を与えてくださったこと。そして自分たちを神の民とするという契約を結んでくださったこと。最後に、そのしるしとして律法をお与えくださったこと。ユダヤ人の歴史を通して与えられたこの神さまの恵みに感謝して祈るのです。

しかし主イエスはそのとき、杯を回しながらこう言われました。

「これは、多くの人のために流されるわたしの血、契約の血である。」

弟子たちは杯からぶどう酒を飲みながらこの言葉を聞きました。あなたがたが飲んでいるもの、それはわたしの血だ。あなた方のために流すわたしの血、契約の血だ。そういう言葉を聞きながら、彼らはそのぶどう酒を飲んだのです。

生涯忘れることのできない体験だったと思います。

このとき、主イエスは「契約の血」と言われました。契約とは、約束です。そしてそれは必ず、約束をするもの同士が相互に交わし合う約束です。そうでなければ、契約とは言いません。でもここで主イエスは「契約」と言いながら、一方的に約束をなさいました。「わたしがあなた方の主になる」という約束です。どんなときにも、わたしはあなた方の主であるという約束です。その約束を、弟子たちに向かって一方的になさったのです。弟子たちの群れがまもなく総崩れになることを知っておられたからです。この約束がなければ、弟子たちは弟子たちでありえないことを、知っておられたからです。

旧約聖書の申命記第七章六節以下に、神さまがイスラエルに語りかけられた言葉があります。

あなたは、あなたの神、主の聖なる民である。あなたの神、主は地の面にいるすべての民の中からあなたを選び、御自分の宝の民とされた。主が心引かれてあなたたちを選ばれたのは、あなたたちが他のどの民よりも数が多かったからではない。あなたたちは他のどの民よりも貧弱であった。ただ、あなたに対する主の愛のゆえに、あなたたちの先祖に誓われた誓いを守られたゆえに、主は力ある御手をもってあなたたちを導き出し、エジプトの王、ファラオが支配する奴隷の家から救い出されたのである。

（申命記七章六－八節）

これはわたしたちがいつも心にとめておくべき言葉です。神さまが特別に愛された神の民は、地上の他のどの民よりも貧弱だったというのです。その貧弱な民を、神さまは御自分の宝物のように愛している、というのです。そのことは、いつでも変わらない、わたしたちの神さまのなさり方です。

主イエスの弟子たちも、同じです。自分たちのことをどう考えていたかわかりません。もしかすると自分たちは、主イエスに選ばれて弟子にしていただく価値があったと思っていたかもしれません。だれがいちばん偉いか、というような議論をしていたというのですから、自分たちも、多少は偉いところがあると思い込んでいたかもしれません。でも主イエスは知っておられました。御自分が愛しておられた弟子たちが、どれほど貧弱な弟子たちであったかを。今は口々に、「絶対にあなたを裏切ることなどいたしません」と言っていても、その舌の根も乾かないうちに、全員が御自分を見捨てて逃げてしまうということを。そういう意味で、この地上のどの集まりよりも、貧弱な群れであることを知っておられたのです。でも、そういう弟子たちを主イエスは選んでくださり、愛してくださったのです。

レントの証を聴きながら、いつも思わされることがあります。わたしたちの群れには、実にいろいろな年代や生活状況の人がいるということです。そういう人たちが、自分に与えられた状況の中で、誠実に、一所懸命に生きることに取り組んでいるということです。若い人たちには、若い人たちのなすべきことがあり、若い人特有の問題や悩みがあります。高齢の人たちには、年を重ねてみて初めてわかる悲しみがあります。子育てに忙しい年代の人たちには、その年代の人たちに特有の苦労があります。決して華々しい活躍をしているわけではない、そのような人たちの話を聞いて、その人のために祈るのです。そのようなことを毎年続けながら、いったい何がこの群れを支えているのだろうかと思うのです。一致団結して物事を進めていくような力強さがあるわけではありません。お互いを理解するその理解が深められて、本当の愛に満ちた交わりがここにでき上がったわけでもありません。慰めの共同体を目指そうと思いつつ、いったいどうすればそのようになるのか、途方に暮れる思いを抱かされることも、少なくありません。

しかしそういうわたしたちが、忘れてはならないことがあります。わたしたちがそういう交わりだから、主イエスが御自分の体を裂き、血を流してくださったということです。「これはわたしの体だ」と言ってパンを食べさせ、「これは多くの人のために流されるわたしの血、契約の血である」と言ってぶどう酒を飲ませられたのだ、ということです。そのようにして、「わたしは、どんなときにも、あなたがたの主である」という約束をしてくださったということです。ほんのわずかなことで総崩れになってしまう弱さを抱えている群れであるからこそ、この約束を主イエスはしてくださったのです。

毎年、この聖晩餐を祝う時期に、役員会がすることがあります。教会員の中から連絡が取れなくなった方を別帳会員に移すという作業です。一緒に教会生活をしていた仲間が、本当に残念なことに、群れを離れてしまうことがあります。教会から連絡をしても、返事がない。メールを送っても、応答がない。そういう悲しい状況になってしまうことがあります。そういう人たちを、別帳会員に移すのです。教会に加わるときには、この群れの中で兄弟姉妹と力を合わせて、主にお仕えしていくという約束をするのです。そういう意味では、約束違反なのです。ですから教会によっては、別帳会員になることは罪を犯すことだと、明確に定めているところもあります。そのような理解は正しいと思います。

だからといって、教会員でなくなるわけではありません。別のノートに名前を移すだけです。別帳会員という教会員なのです。確かに約束違反なのです。でも主イエスは、御自分の約束をどうなさるだろうかと思うのです。「お前が約束を破ったから、わたしも約束を捨てる」とおっしゃるだろうか。そうは言われないと思うのです。「わたしがあなたの主になる」という約束を、主イエスは守ってくださるのではないだろうか。そして主がその約束を守ってくださるのであれば、名簿から消してしまうことはできません。だから、別のノートに移すのです。繰り返して言いますが、だからといって群れを離れていい、ということにはなりません。むしろ、逆です。主イエスがどこまでも誠実に御自分の約束を守ってくださるからこそ、わたしたちも、誠実に約束を守る必要があるのです。

今回、この聖書の箇所を読みながら、これまであまり注意してこなかった言葉が心に留まりました。二五節の「はっきり言っておく。神の国で新たに飲むその日まで、ぶどうの実から作ったものを飲むことはもう決してあるまい」という言葉です。「神の国で新しく飲む日まで、自分はぶどう酒は飲まない」と主は宣言をされた。実はここで主イエスは、御自分で裂かれたパンを食べられたのか、あるいはぶどう酒を飲まれたのか、よくわかりません。

どうも主はパンを食べておられなかったようだし、ぶどう酒も御自分ではお飲みにならなかったようです。神の国で新しく飲むその日まで、自分はぶどう酒を飲まない、そのときまで、待つと言われるのです。

ですから今はわたしたちだけがパンを食べ、ぶどう酒をいただきます。しかし主は待っていてくださいます。いつかわたしたちと、天の国において、喜びの食卓を囲むその日を、主イエスは待っていてくださるのです。その日まで「自分はぶどう酒は飲まない」と言いながら。

だからわたしたちも、その日を望みながら、聖餐に与り続けたいと思います。天の国においては、主イエスと相まみえながら、喜びの食卓を共にする、その時を望みながら、わたしたちはこの地上の生活を、信仰者として歩み続けるのです。

「最後の晩餐」
Tintoretto, 本名 :Jacopo Comin：ヤコポ・ティントレット

《「だれがいちばん偉いのか」》　二〇一四年四月一七日　聖晩餐礼拝説教より

給仕してくださる神

ルカによる福音書二二章二四－三〇節

また、使徒たちの間に、自分たちのうちでだれがいちばん偉いだろうか、という議論も起こった。そこで、イエスは言われた。「異邦人の間では、王が民を支配し、民の上に権力を振るう者が守護者と呼ばれている。しかし、あなたがたはそれではいけない。あなたがたの中でいちばん偉い人は、いちばん若い者のようになり、上に立つ人は、仕える者のようになりなさい。食事の席に着く人と給仕する者とは、どちらが偉いか。食事の席に着く人ではないか。しかし、わたしはあなたがたの中で、いわば給仕する者である。あなたがたは、わたしが種々の試練に遭ったとき、絶えずわたしと一緒に踏みとどまってくれた。だから、わたしの父がわたしに支配権をゆだねてくださったように、わたしもあなたがたにそれをゆだねる。あなたがたは、わたしの国でわたしの食事の席に着いて飲み食いを共にし、王座に座ってイスラエルの十二部族を治めることになる。」

主イエスが十字架につかれる前に弟子たちとなさった最後の晩餐については、マタイ、マルコ、ルカの三つの福音書が、その様子を書いています。その中で、ルカによる福音書は、その晩餐の席で、弟子たちの間で、だれがいちばん偉いかという議論があったと記しています。主イエスが「十二人の中に自分を裏切る者がいる」と予告された後です。当然のことですが、その主イエスの言葉を聞いて、弟子たちの間に、一体だれがそんなことをしようとしているのか、という議論が起こりました。それに続いて、だれがいちばん偉いかという話になったのです。恐らく、裏切りという弟子としては最低の行為について語った後で、その反対に、だれが主イエスを支えてきたかという話になったのでしょう。そこから、ではだれがいちばん偉いのかという議論が起こったのだろうと思います。

ここで言われる「偉い」という言葉は、字義どおりに訳せば「大きい」という意味の言葉です。体の大きさではありません。存在の大きさです。弟子としての存在がいちばん大きいのはだれか、という話をしたのです。

存在の大きさというのは、だれもが関心を持つことです。およそ人間の作る社会の中で、だれの存在がいちばん大きいかということが問題にならないことはありません。会社や学校、あるいは教会の中でも、だれがいちばん大きいか、ということは、皆が無意識のうちに考えたり、感じ取ったりしていることであろうと思います。

しかしながらこのことは、少なくとも公的な場においては、あからさまに議論をされることはないでしょう。そういう慎みというものをわたしたちだれもが持っています。だから、わたしたちの間で公にはこういうことが話題になることはないのです。でもそのことを、弟子たちは公然と議論したのです。恐らく、そこにいた多くの者が、自分こそいちばん大きいのだと言い立てたのだと思います。それぞれに言い分があって、自分の大きさを主張したのです。しかしそれが一致しなかった。だから議論になったのです。

主イエスが十字架にかかられる前の晩のことです。しかも、大切な聖餐を制定された直後のことです。そういうところで、自分こそいちばん大きな弟子だと言い争うことは、わたしたちには考えにくいことです。そういうことから、もしかするとこの弟子たちを少し低く見る思いが、わたしたちの中に起こってくるかもしれません。

しかしながらこの出来事が福音書に書かれるようになったのは、弟子たち自身がこれを語り伝えたからだということを、忘れることはできません。さらにこのことは、彼らにとっても決して名誉なことではなかったはずです。弟子たちは後に、初代教会の指導者になりました。中には、この出来事を知った教会員から、「先生も昔は状況がわかっていなかったのですね」というようなことを、言われた人もいたかもしれません。そういうことから言えば、弟子たちが口裏を合わせて、この出来事はなかったことにしようということもできたでしょう。しかし、彼らはそうしませんでした。それが自分たちにとって不名誉なことであると知りながら、この出来事を語り伝えたのです。どうしてでしょうか。

どうしても皆に知ってほしいことが、あったからです。この物語を聞くすべての人の心に、刻みつけたいことがあったからです。自分たちの至らなさではありません。そうではなくて、その至らない自分たちに対して、主イエスが語ってくださった言葉です。彼らにとっては、宝物のような言葉です。それを伝えるために、彼らはこの出来事を語り伝えたのです。

その言葉のひとつは「あなたがたの中でいちばん偉い人は、いちばん若い者のようになり、上に立つ人は、仕える者のようになりなさい」という言葉です。しかしこのとき、もっと強く、弟子たちの心に残った言葉がありました。

「食事の席に着く人と給仕する者とは、どちらが偉いか。食事の席に着く人ではないか。しかし、わたしはあなたがたの中で、いわば給仕する者である。」

主は「わたしはあなたがたの中で、給仕する者だ」と言われたのです。これがどれほど、常識を外れた言葉であったか、主イエスが言われた「しかし」という言葉が示しています。「しかし、わたしはあなたがたの中で、いわば給仕する者である」と言われたのです。主イエスは「主」です。弟子たちにとっては先生です。本来ならば、主である者、先生である者が食卓に着いて、僕である者、弟子である者が給仕をするのです。それが当然のことです。そこで、「しかし」と主は言われるのです。わたしはその当然の道理を無視して、あなたがたに給仕をしている。これまで三年間ずっと、わたしがあなた方に給仕をしてきたのだと、主イエスは言われたのです。

これは弟子たちには意外な言葉であっただろうと思います。そのときには、理解できなかったのではないでしょうか。しかし、これからすぐに、彼らはこの言葉の意味を知るのです。

この言葉の次に、主イエスがペトロの裏切りを予告された言葉が記されています。

「シモン、シモン、サタンはあなたがたを、小麦のようにふるいにかけることを神に願って聞き入れられた。しかし、わたしはあなたのために、信仰がなくならないように、あなたのために祈った。だから、あなたは立ち直ったら、兄弟たちを力づけてやりなさい。」

今回、レントの証の中で、この言葉を引用された方がおられました。このときの主イエスの祈りは、自分のためであったと受け止められたのです。そのおりだと思います。主は今でも、わたしたちのために祈り続けていてくださる。

しかしながらこのときのペトロにはそれがわからなかったのです。だからまるでこの言葉を聞いていないかのように「主よ、ご一緒になら、牢に入っても死んでもよいと覚悟しております」と言い放ったのです。その自信があったのです。自分は絶対に、主イエスのためなら死ねると思ったのです。でも現実がそれについていきませんでした。見事に自分の言葉を裏切って、三度も主イエスとの関係を否定して、そして男泣きに泣くのです。

こういう経験というのは、惨めなものです。そのときペトロは、惨めさのどん底にいたと言っていいと思う。けれども惨めさのどん底に落ちてみないと、わからないことがあります。自分はできると思い込んでいると、決して見えないものがあるのです。こんな自分を信じてくださる方がおられるということです。主イエスは「あなたは立ち直ったら、兄弟たちを力づけてやりなさい」と言われました。「立ち直ったら」と言われたのです。ペトロがくずおれても、必ず立ち直ると信じておられたのです。自分は信じられているのです。信じられているから、崩れきってしまうわけにはいかないのです。わたしはペトロが男泣きに泣いたときに、きっと主イエスのこの言葉を思い起こしたに違いないと思います。そうでなければ、彼は弟子として再び立ち上がることはできなかったでしょう。

そしてそのときに、もうひとつの主イエスの言葉の意味も、わかったに違いありません。「わたしはあなたがたの中で、給仕する者である」という主イエスの言葉です。そのとおりだと、思ったことでしょう。まるで子どもみたいに、食卓に着いている自分たちのために、主イエスがすべての配慮をして、必要な言葉をかけ、愛を注ぎ、励まし、助けてくださった。だから自分たちは弟子でいられたのだ。自分たちは少しも偉くはなかった。何の功もなかった。ただあの方が、そういうわたしたちを弟子として、信じて、愛して、導いて、教えて、育ててくださった。だから自分たちは弟子としてやってこられたのだと。そしてそのことが、身に染みてわかったときから、ペトロの本当の弟子としての歩みが始まったのです。

この主イエスの言葉に続いて、聖書は、もうひとつ、主イエスが語られた言葉を記しています。

「あなたがたは、わたしが種々の試練に遭ったとき、絶えずわたしと一緒に踏みとどまってくれた。だから、わたしの父がわたしに支配権をゆだねてくださったように、わたしもあなたがたにそれをゆだねる。」

「あなたがたは、わたしが種々の試練に遭ったとき、絶えずわたしと一緒に踏みとどまってくれた」と主は言われる。でも、実際は違っていたことを、わたしたちは知っています。主イエスが試練に遭われたときに、弟子たちは踏みとどまりなどしませんでした。蜘蛛の子を散らすように、逃げてしまったのです。だれひとり、主イエスのもとに踏みとどまりはしませんでした。けれども主はここで、踏みとどまってくれた、と言うのです。しかも「絶えず」です。いつでも踏みとどまってくれた、と言うのです。これは本当でしょうか。

先ほど、主イエスはペトロを信じてくださったと言いました。「あなたが立ち直ったら、兄弟たちを力づけてやりなさい」と言われたのです。そして事実、ペトロは立ち直りました。立ち直って、兄弟たちを力づける者になったのです。

主イエスが信じてくださったら、そのとおり出来事になるのです。

確かに弟子たちは、主イエスの十字架のときに、全員逃げてしまいました。でもそれでも主は、弟子たちを見捨てることをなさいませんでした。信じてくださったのです。「わたしが種々の試練に遭うとき、絶えずわたしと踏みとどまってくれる」。そう信じてくださったのです。そして事実、そのとおりになりました。初代教会が、迫害の嵐の中で、種々の試練に遭ったときに、弟子たちはもう二度と逃げることはありませんでした。最後まで、教会と共に踏みとどまって、命をかけて教会を守ったのです。

「わたしはあなたがたの中で、いわば給仕をする者である」と主は言われました。そのとおり、主イエスに給仕をしていただいて、信じていただいて、愛していただいて、祈っていただいて、弟子たちは本当の弟子としての歩みを始めることができました。

実はこの主イエスのお姿は、主イエスだけのものではありません。主イエスの父でいます神さま、わたしたちの天の父でいます神さまのお姿でもあります。旧約聖書のホセア書第一一章に、次のような言葉が記されています。

まだ幼かったイスラエルをわたしは愛した。
エジプトから呼び出し、わが子とした。
……
エフライムの腕を支えて
　歩くことを教えたのは、わたしだ。
しかし、わたしが彼らをいやしたことを
　彼らは知らなかった。
わたしは人間の綱、愛のきずなで彼らを導き
彼らの顎から軛を取り去り
身をかがめて食べさせた。（ホセア書一一章一－四節）

エジプトで奴隷であったイスラエルをそこから導き出し、わが子として、歩くことを教え、そして身をかがめて食べさせる。わたしはそうやって、イスラエルを導いたのだと、神さまは言われるのです。恐らく、そのとおりだったのだろうと思います。イスラエルの歴史というのは、神さまに導かれ、神さまに

歩くことを教えていただき、神さまに食べさせていただいた、そういう歴史だったのです。

そして、わたしたちひとりひとりの人生の歴史もまた、そうではないでしょうか。自分で人生を切り拓いてきた、自分の足で歩いてきた、自分の頭で判断してきた。わたしたちは皆そう思っていますが、実際を言えば、神さまが見えない手でわたしたちを導き、見えない手で歩くことを教え、そして主の日ごとに、見えないお姿で、身をかがめて命の糧を食べさせてくださった。その神さまのお働きの中で、わたしたちの人生は守られ、支えられてきたのではないでしょうか。

そしてそのことが本当にわかったときに、初めてわたしたちは、群れの中で、年長者でありながら、いちばん若い者のように振る舞い、上に立つ者でありながら、仕える者のように生きることができる。本当の主の弟子として生きることができるのです。

「園で祈るイエス」
Paul Gustave Doré：ポール・ギュスターヴ・ドレ

《ゲツセマネの園》　二〇二一年四月一日　聖晩餐礼拝説教より

主イエスの戦いを知る

マルコによる福音書一四章三二―四二節

一同がゲツセマネという所に来ると、イエスは弟子たちに、「わたしが祈っている間、ここに座っていなさい」と言われた。そして、ペトロ、ヤコブ、ヨハネを伴われたが、イエスはひどく恐れてもだえ始め、彼らに言われた。「わたしは死ぬばかりに悲しい。ここを離れず、目を覚ましていなさい。」少し進んで行って地面にひれ伏し、できることなら、この苦しみの時が自分から過ぎ去るようにと祈り、こう言われた。「アッバ、父よ、あなたは何でもおできになります。この杯をわたしから取りのけてください。しかし、わたしが願うことではなく、御心に適うことが行われますように。」それから、戻って御覧になると、弟子たちは眠っていたので、ペトロに言われた。「シモン、眠っているのか。わずか一時も目を覚ましていられなかったのか。誘惑に陥らぬよう、目を覚まして祈っていなさい。心は燃えても、肉体は弱い。」更に、向こうへ行って、同じ言葉で祈られた。再び戻って御覧になると、弟子たちは眠っていた。ひどく眠かったのである。彼らは、イエスにどう言えばよいのか、分からなかった。イエスは三度目に戻って来て言われた。「あなたがたはまだ眠っている。休んでいる。もうこれでいい。時が来た。人の子は罪人たちの手に引き渡される。立て、行こう。見よ、わたしを裏切る者が来た。」

十字架にかかられる前の晩、弟子たちと一緒に過越の祭の食事をされた後に、主イエスは弟子たちと一緒にゲツセマネというところへ行かれ、そこでお祈りをされました。主イエスは、父なる神さまとの親しく深い交わりの中で生きておられました。ですから弟子たちは、たびたび主イエスの祈りの姿を見ていたと思われます。しかしながらこのときの主イエスの祈りは、それまでの祈りとは全く違ったものでした。その様子を描く聖書の言葉は、次のように始まります。

一同がゲツセマネという所に来ると、イエスは弟子たちに、「わたしが祈っている間、ここに座っていなさい」と言われた。

主イエスがこのとき、昼間の時間を過ごしておられたエルサレムは、シオンという丘の上にあります。そして夜を過ごされたオリーブ山はその隣にある丘です。エルサレムからオリーブ山へ行くためには、いったん丘を下り、それからまた登るのですが、その下ったところにあるのがゲツセマネです。油の搾り場という意味だと言われています。オリーブの木がたくさんあって、その油を搾る場所であったようです。主イエスは弟子たちを連れてそこまで下りていき、十一人の弟子の中の八人に、そこで座っているようにと言われて、ペトロ、ヤコブ、ヨハネの三人を連れて、さらにその奥へと進んで行かれたのです。

主イエスが、この三人を伴われるときというのは、特別な出来事が起こるときです。このマルコによる福音書では三回の記録があります。会堂長であったヤイロという人の娘を死から取り戻されたとき、高い山の上で主イエスのお姿が変わったとき、そしてこのゲツセマネの祈りのときです。高い山の上での出来事では、主イエスは神の子としての本当の姿を弟子たちにお示しになりました。さらにそこでは、見える歴史を超えた見えない神さまの救いの歴史が弟子たちに明らかになりました。このように、主イエスがこの三人を伴われるときには、御自分の秘密に属するような深い救いの真理を、お示しになるのです。そしてそれはこのゲツセマネでも同じでした。ここでも主は御自分の秘密をお示しになりました。しかしながらそれは、山の上で示されたものとは全く違った形で示されたのです。

それを示すのが「イエスはひどく恐れてもだえ始め」という言葉です。聖書協会共同訳は「ひどく苦しみ悩み始め」と訳しました。「恐れおののき、また悩み始めて」と訳した聖書もあります。いずれにしても、弟子たちが、こういう主イエスのお姿を目にしたのはこれが初めてであろうと思われる姿を彼らにお見せになったのです。何かにおびえ、恐れおののかれる姿です。そしてこう言われました。

「わたしは死ぬばかりに悲しい。ここを離れず、目を覚ましていなさい。」

「わたしは悲しくて死にたいほどだ」と言われたのです。先ほど、主がこの三人を伴われるときというのは、御自分の秘密に属するような救いの真理を彼らにお示しになるためだと申しました。それはここでも同じだと言えますが、しかしこのゲツセマネにおいてはそれだけではなかったと思うのです。この三人を伴われたもっと別な理由があったと思うのです。

悲しくて死にたいほどだと言われた主は、続けてこう言われました。

「ここを離れず、目を覚ましていなさい。」

「ここを離れず」とは、どこにも行かないでここにいてほしいということです。「目を覚ましていなさい」とは、目覚めた心でここで起こることを見守ってほしいということです。わたしにはまるで、夜、暗闇を怖がる子どもが親に向かって「そばにいて、わたしを見ていて」と言っているよう思えるのです。そしてそういうお姿は、その後で主がなさったことにも表れています。

主は少し進んでいって、地面にひれ伏し、そして「できることなら、この苦しみの時が自分から過ぎ去るように」と祈られたのです。
この、今の苦しい時が過ぎ去るようにという思いは、わたしたちにも経験があると思います。本当につらいこと、苦しいことに直面して、本当は逃げ出したいけれども逃げ出せない。そういうときに、時間が速く過ぎればいいと思う。目をつぶっている間に過ぎ去ってくれればいいと思う。それと同じ思いを主イエスがここで味わっておられたのです。

この福音書の第四章に、主イエスが弟子たちと一緒にガリラヤ湖に漕ぎ出されたときの話が載っています。途中で激しい突風が起こり、舟が水をかぶって沈みそうになったので、弟子たちが必死に水をかき出していた。でもそのとき、主イエスは舟の後ろの方で眠っておられました。嵐の湖で、小さな舟が木の葉のように揺れる。しかも弟子たちが必死に水をかき出している。その中で主イエスは平気で眠っておられたのです。どうしてこんなときに眠っていられるのか、わたしたちには信じられない思いがします。しかも弟子たちに起こされて、風と湖を叱りつけて静かにさせられた後で、弟子たちにこう言われたのです。

「なぜ怖がるのか。まだ信じないのか。」（マルコによる福音書四章四〇節）

「なぜ怖がるのか」と言われたのです。今怖がらないで、いつ怖がるのかと思えるような状況で、でもこの方は「なぜ怖がるのか」と言われたのです。その言葉を聞いて、弟子たちは震え上がったと聖書は書いています。

その主イエスが、十字架を前にして恐れおののき、おびえておられるのです。そしてこの時を過ぎ去らせてほしいと願っておられる。どうしてそれほどまでに十字架を恐れられたのか。もちろん十字架につくことは、殺されることであり、死ぬことです。死を恐れない人はいないでしょう。でもその恐れの中でもきちんと死と向き合った人は歴史上数知れずいるのです。初代教会の時代、主イエスを信じて、迫害の中で殉教の死を遂げた人々は、首を切られても、槍で刺されても、火で焼かれても泣き言ひとつ言わずに死んだのです。あるいはギリシャの哲学者だったソクラテスという人は、最後まで弟子たちと議論を交わしながら平気で毒杯をあおって死んだと言われています。そのように死と向き合った人たちを、わたしたちも知っているのです。でも、ここでの主イエスは違うのです。まるで子どものように死を恐れておられる。

宗教改革者のマルティン・ルターは、この主イエスについて「この人こそ、真に死を恐れた人だ。これほどに死を恐れた人はいない」と言っています。ここでの主イエスの様子を見ると、まさしくそのとおりだと思うのです。

しかしながらわたしたちは、嵐の湖で平気で眠っておられた主イエスを知っています。命の危険にさらされた弟子たちに向かって「なぜ怖がるのか」と言われた主イエスを知っているのです。だからここでの主イエスの恐れに心を打たれるのです。どうして主はこのとき、こんなにも死を恐れられたのか。いったい何が、この方をこんなにも恐れさせたのか。そのことを知りたいと思うのです。

すぐにわかることとは、主イエスがここで恐れておられるのは、ただの肉体の死ではないということです。肉体の死であるなら、主イエスは全く恐れることはなかったと思います。嵐の湖での話を聞けばそう思うのです。あるいは「肉体を殺してもそれ以上何もできない者どもを恐れるな」というこの方の言葉を思い起こしても、そう思うのです。それでは、主はどうしてこれほどまでに十字架の死を恐れられたのか。十字架の死とは、どのようなものなのでしょうか。

長く吉祥寺教会を牧しておられた竹森満佐一牧師がこの箇所でなさった説教の中で、わたしたちの死について語っておられます。わたしなりに要約をしてご紹介いたしますと、次のようなことです。

「わたしたちは、自分の死について、自然な死を求める。天寿を全うして、寿命が来て、そして枯れ木が朽ちて倒れていくように、自然に死ぬことを求める。そういう死に方を理想的な死に方だと考える。そういう意味では、例えば何かの事故で死んでしまうとか、特に若くして病気で死ぬというようなことは、自然な死に方とは言えない。そうではない自然な死に方を皆が求める。でも、いったい人間の死に、自然な死というものがあるのか。あるいはこれまでの歴史の中でも、人間が自然な死を死んだという例が、ひとつでもあっただろうか。あるいはこれからの歴史の中でも、そういうものがありうるだろうか。自分はそうは思わない。人間には、罪人の死しかない。もちろん、わたしたちが重罪を犯して死刑にされるというようなことはめったにないと思うけれども、そういうことでなくても、わたしたちが死ぬとき、それはすべて罪を犯した人間の死であって、自然な死などというものは、ひとつもない。」

そしてわたしも、その通りだと、思うのです。主イエスがここで直面をしておられるのも、自然な死ではありません。罪を犯した者の死、神さまに対して、罪を犯し続けてきた者の死です。だからこそ、これほどまでに死を恐れられたのです。

ルターの「この人ほど死を恐れた人はいない」という言葉。これは逆に言うと、罪を犯した者の死がどれほど恐ろしいものかを本当に知っておられたのは主イエスだけだ、ということです。わたしたちは、その恐ろしさがわかっていないから、のんきに構えているのです。本当はだれよりもまずわたしたちが恐れなければならないのです。その恐れを、わたしたちではなく主イエスが経験しておられるのです。そして罪を犯した者の死が恐ろしいのなら、罪を犯し続けて生きること、罪の中で生きることもまた、恐ろしいことです。それをゲツセマネの主イエスのお姿が示しているのです。

このとき祈られた祈りの中で、主イエスはこう言われました。

「アッバ、父よ、あなたは何でもおできになります。この杯をわたしから取りのけてください。」

主イエスはこのとき、御自分の目の前に差し出された杯を見ておられたのです。どういう杯でしょうか。この杯についてエレミヤ書の第四九章一二節に、こういう言葉が記されています。

主はこう言われる。「わたしの怒りの杯を、飲まなくてもよい者すら飲まされるのに、お前が罰を受けずに済むだろうか。そうはいかない。必ず罰せられ、必ず飲まねばならない。」

主イエスがこのとき見ておられた杯は、神さまの怒りの杯です。神さまの怒りが泡立っている、杯です。預言者エレミヤはその杯を「飲まなくてもよい者すら飲まされるのに」と言います。神さまに対して罪を犯した町が、裁きを受けて滅ぼされる。その中に少数の正しい人がいても一緒に滅ぼされてしまう。そういうことを言っているのだろうと思いますが、そういうふうに、飲まなくてもよい者すら飲まされるのに、お前が飲まないで済むということがありうるか。そんなことは決してありえない。必ず罰せられ、必ず飲まねばならない。神さまは預言者を通してそう言われるのです。

しかしながら、この杯を飲まなくてもよい者がいるとしたら、それはだれをおいてもまず主イエスです。この方こそ、この世でただひとり、この杯を飲まなくてもよい人です。けれどもここで、その方がこの杯を飲むようにと迫られている。「お前が罰を受けずに済むだろうか。そうはいかない。必ず罰せられ、必ず飲まねばならない」とそう言われているのです。

この方が、わたしたちの罪を全てその身に負われたからです。世界中の人々の罪を、その身に負われたからです。そして世界でいちばん、罪深い者となって、神さまの裁きの前に立たれたからです。そして差し出された杯を、最後の一滴までも飲み尽くして、十字架の上で神さまの厳しい裁きをお受けになったのです。わたしたちの罪を負うというのは、そういうことです。

それは神の独り子であるこの方が震え上がるほどに恐ろしいことです。その恐ろしさに、このとき主イエスは直面しておられた。だから「この杯をわたしから取りのけてください」と祈られたのです。

しかしながら主は、最後には、そういう御自分の願いを押しつぶすようにしてこう言われました。

「しかし、わたしが願うことではなく、御心に適うことが行われますように。」

この言葉から、わたしたちは知ることができます。主イエスのこの祈りは戦いの祈りです。祈りながら、主イエスは戦っておられるのです。このとき主に加えられた激しい悪魔の攻撃があったからです。

その間、三人の弟子たちは眠り込んでおりました。四〇節に、彼らはひどく眠かったのだと書いてあります。それに対して主は「誘惑に陥らないように、目を覚まして祈っていなさい」と言われました。彼らが眠かったのは、夜が遅かったからでもなく、彼らが寝不足だったからでもありません。この「眠かった」という言葉を、聖書協会共同訳では「まぶたが重くなっていた」と訳しています。どうしようもなくまぶたが閉じてしまうのです。それに対して主は「誘惑に陥らないように」と言われました。これは悪魔の誘惑だと言われたのです。悪魔が働いているのです。だからまぶたが重くなって眠り込んでしまうのです。しかし、もしこのとき弟子たちに悪魔の誘惑があったとすれば、それは主イエスにもあったはずです。弟子たちだけが悪魔の誘惑を受けて、主イエスが受けられないということは、考えられません。主イエスは、もっと激しい悪魔の誘惑にさらされていたに違いないのです。

マルコによる福音書の第一章一二節に、主イエスが荒野で四〇日間さまよわれた際に、サタンの誘惑に遭われたと書いてあります。マタイによる福音書とルカによる福音書にはその経緯が詳しく書かれています。このとき悪魔は三つの提案をしたのです。ひとつは石をパンに変えること。もうひとつは、神殿の屋根の上から飛び降りて見せること、最後は、世界中の繁栄と力を自分のものにすることです。そうすれば、あなたは世界中の人々から救い主として受け入れられると悪魔は言ったのです。しかし主イエスはそれを全て拒否なさいました。「サタンよ、退け」と言われたのです。そしてパンを与えるメシアでもなく、不思議な出来事を起こすメシアでもなく、富と権力を身につけたメシアでもない、わたしたちを罪から救い出す本当のメシアとして、十字架への道を歩むという御自分の道を明確になさったのです。

ルカによる福音書によれば、このとき悪魔は「時が来るまでイエスを離れた」と書いてあります。主イエスに退けられて離れたのですが、でもそれは時が来るまでです。一時的に離れたのです。その悪魔が、ここで戻ってきたのです。

竹森牧師は先ほど紹介した説教の中で、このゲツセマネの園の主イエスのお姿は、荒野の誘惑の出来事の総決算だと言っています。荒野の誘惑を退けられた、その結果が、このゲツセマネでの祈りです。そして悪魔はその結果を問うためにここにやって来ているのです。主はここで、荒野の誘惑以来の一切の出来事の決算書を、悪魔に突きつけられたのです。そしてこの決算書をここで確定するのか、それとも内容を変えるのかと問われたのです。それが悪魔の誘惑です。その誘惑とは、御自分が神さまの怒りの杯を飲まなくても済むように、ということです。十字架で神さまの裁きを受けて死ななくてもいいように、ということです。お前はそういうふうに決算書を書き換えるのか、どうするのか、と悪魔は問うたのです。

現実の問題として考えれば、容易なことなのです。このゲツセマネの園を、すぐにでも立ち去ればいいのです。そして捕らえられる前に、オリーブ山に行ってしまえばいい。そうしたら暗闇の中で、大勢の人が野宿をしている中から主イエスを見つけ出すことは不可能です。道を変えることは容易なことなのです。杯を飲まなくてもいい方法というのは、実に簡単なことなのです。だからこそ、それは誘惑なのです。しかし主はここでも悪魔の誘惑を退けられました。ゲツセマネを立ち去ることをなさらなかったのです。そして御自分の身を、罪人たちの手に引き渡されたのです。

これは、悪魔に対する主イエスの勝利です。何という不思議な勝利でしょうか。荒野の誘惑においては、主ははっきりと悪魔の提案を退けられました。悪魔は主イエスに退けられて、主イエスから離れて行ったのです。だれの目にも明らかな主イエスの勝利です。そしてこのゲツセマネでも、主は勝利なさいました。しかしその勝利は、御自分を罪人たちの手に引き渡すという方法で勝ち取られた勝利です。だれもそれを主イエスの勝利だとは思わないような勝利だったのです。だから主イエスをつかまえに来た人たちは、自分たちの勝利だと思ったでしょう。思いのほか、事がうまく進んだので、喜んで神さまに感謝したかもしれません。そして弟子たちはそのとき主イエスを見捨てて逃げてしまいました。主イエスが負けたと思ったのです。だからせめて自分たちの命だけでも守らなければならないと思ったのです。

だれも主イエスの勝利を知ることができませんでした。ただ主イエスだけが、このようにして神さまの御心が実現する。それこそが勝利だと知っておられたのです。そして御自分のすべてを、神さまの御手にお委ねになったのです。

「立て、行こう。」

最後に主はそう言われました。御自分を捕らえに来た者たちのところへ行こうと言われたのです。御自分を彼らの手に引き渡すためです。

このときの主イエスには、もう悩みも苦しみも恐れもありません。すべてを父なる神さまの御手に委ねて、その神さまの勝利を確信しておられる。そして御自分を捕らえようとしてきた者たちの手に、御自身をお委ねになりました。ここに、わたしたちの罪が赦され、わたしたちが神さまのものとして取り戻される道が、拓かれているのです。

「ペトロの否認」
Carl Heinrich Bloch：カール・ハインリッヒ・ブロッホ

《ペトロの否認》　二〇二〇年四月九日　聖晩餐礼拝説教より

真の弟子になるために

ルカによる福音書二二章三一―三四節、五四―六二節

「シモン、シモン、サタンはあなたがたを、小麦のようにふるいにかけることを神に願って聞き入れられた。しかし、わたしはあなたのために、信仰が無くならないように祈った。だから、あなたは立ち直ったら、兄弟たちを力づけてやりなさい。」するとシモンは、「主よ、御一緒になら、牢に入っても死んでもよいと覚悟しております」と言った。イエスは言われた。「ペトロ、言っておくが、あなたは今日、鶏が鳴くまでに、三度わたしを知らないと言うだろう。」

人々はイエスを捕らえ、引いて行き、大祭司の家に連れて入った。ペトロは遠く離れて従った。人々が屋敷の中庭の中央に火をたいて、

一緒に座っていたので、ペトロも中に混じって腰を下ろした。するとある女中が、ペトロがたき火に照らされて座っているのを目にして、じっと見つめ、「この人も一緒にいました」と言った。しかし、ペトロはそれを打ち消して、「わたしはあの人を知らない」と言った。少したってから、ほかの人がペトロを見て、「お前もあの連中の仲間だ」と言うと、ペトロは、「いや、そうではない」と言った。一時間ほどたつと、また別の人が、「確かにこの人も一緒だった。ガリラヤの者だから」と言い張った。だが、ペトロは、「あなたの言うことは分からない」と言った。まだこう言い終わらないうちに、突然鶏が鳴いた。主は振り向いてペトロを見つめられた。ペトロは、「今日、鶏が鳴く前に、あなたは三度わたしを知らないと言うだろう」と言われた主の言葉を思い出した。そして外に出て、激しく泣いた。

数年前に、教会の有志の教会員と一緒に、イスラエルを旅行いたしました。

イスラエルを旅行していちばん驚くことは、聖書に出てくる地名が、今でもたくさん残っていることです。バスで地方を走っているときに、ガイドがひょいと窓の外を指さして、「あそこがナインの村です」と言います。あるいは、「そこに見えるのがエマオへの道です」と言ったりします。それくらい、よく知っている地名が出てくるのです。

その中でも重要なのは、やはりエルサレムです。主イエスが最後の一週間を過ごされた町です。弟子たちと最後の晩餐をなさったところや、捕らえられてピラトの裁判をお受けになった石畳、そして十字架を負ってゴルゴタまで歩かれた、悲しみの道。そういうところを見て回るのです。その中で、わたしがいちばん印象深く覚えているのは、ゲツセマネの園で捕らえられた主イエスが最初に連れて行かれた大祭司の家の跡です。今は、「ペトロの鶏鳴教会」という名前の教会が建っています。今日の聖書が語る出来事が起こった場所です。

どうしてそこがいちばん印象に残っているかと言いますと、エルサレムは、何度も戦争で破壊されていて、その度に上に新しく町が作られましたので、主イエスの時代のものは、今では地下何メートルかに埋まっているのです。ですから、「これが主イエスが歩かれた道です」と言われても、それは実際の道ではなくて、そのずっと上を歩いているのです。ところが、大祭司の家は、郊外にあって、二千年前の遺跡がそのまま残っているのです。ですから、実際に主イエスが立たれたであろうと思われる場所がそこにある。主イエスが歩かれたかもしれない石段がそのまま残っているのです。そういう場所に、自分も立つことができる、というのは、特別な経験でありました。

しかしながら、そこで起こった出来事というのは、特に弟子のペトロにとっては、厳しいものであったのです。主イエスが、イスカリオテのユダに率いられた群衆に捕らえられ、大祭司の家まで引き立てられて行ったときに、ペトロは遠くからあとを追いました。ルカははっきり書いていませんが、他の弟子たちは皆逃げてしまったのです。でもペトロはただひとり後を追うのです。わたしたちの聖書では、「ペトロは遠く離れて従った」と訳しています。この言葉は、「従った」とも「ついて行く」とも訳せる言葉です。それを、「従った」と訳したのです。ついて行ったのではない。従ったのです。ついて行ったのなら、群衆の後について行った、ということも考えられる。

けれども「従った」となると話が違ってきます。だれに従ったか。当然主イエスです。マタイやマルコの福音書を読むと「遠く離れてイエスに従い」とはっきり書いてあります。ペトロは弟子としての姿勢を崩していないのです。もちろんこれまでのように、主イエスのすぐそばにいて従う、ということはできません。このときペトロと主イエスの間には大勢の人々が入り込んでいます。しかしそういう中でもペトロは主イエスに従ったのです。

ペトロが主イエスに従った、という言葉は、このルカの福音書では、この場所のほかにもう一度しか出てきません。それはこの福音書の第五章が記している、ペトロが主イエスに出会ったときの記事です。主イエスが漁師であったペトロの舟に乗り込んで来られて、「沖へ漕ぎ出して漁をしてみよ」と言われる。その日はひと晩中漁をしても何も獲れなかったのですが、それでも主イエスの言葉に従って沖へ漕ぎ出し漁をしてみると、網いっぱいの魚が獲れた。ペトロは恐ろしくなって船底にひれ伏すようにして、「主よ、わたしから離れてください。わたしは罪深いものなのです」と言うのですが、それに対して主イエスは、「恐れることはない。今から後、あなたは人間をとる漁師になる」とおっしゃいました。それを聞いてペトロは、仲間の漁師と一緒にすべてを捨てて主イエスに〝従う〟のです。

そしてそれ以来ずっと、ペトロは主イエスに従ってきたのです。ここで主イエスが捕らえられてもなお、彼は主イエスに従うのです。一切を捨ててしまったのですから、彼にとって他にどこへも行きようがありません。だから主イエスに従ったのです。先の見通しは何もありません。敵は大勢です。自分はたったひとりです。主イエスを助け出す可能性などあるとは思えない。そういう状況で、しかし彼は従ったのです。そして大祭司の家の中庭に入り込み、たき火を囲む人々の中に紛れ込んで座ったのです。

そこからは主イエスの様子を見ることができました。彼は気づかれないように、主イエスの様子を窺《うかが》っていたのでしょう。そのとき主イエスは見張りの者たちに目隠しをされて殴られ、「今殴ったのはだれか当てて見よ」というようなことまで言われながら、じっとそれを耐えておられる。そういう姿を、胸が張り裂けるような思いで見ていたのでしょう。

しかし、そういうペトロを足元から揺るがすような出来事が起こります。その家に仕えるひとりの女性が、たき火に照らされたペトロの顔をじっと見て、周りの人に、「この人もあのイエスと一緒にいた」と言ったのです。恐らく、ペトロは心臓が飛び出るような思いがしたでしょう。あわてて「わたしはあの人なんか知らない」と言って打ち消します。そう言って下を向いてしまう。自分の身を射すような人々の視線を感じながら、それでも彼はそこから逃げ出そうとはしない。そこにとどまり続けるのです。しかし事はそれだけでは収まりませんでした。しばらくすると、もうひとり別の人が、ペトロに向かってこう言うのです。「お前もあの連中の仲間だ」。「いや、それは違う」と言ってまたそれを打ち消す。しかし、それから一時間ほど経つと、また別の人が言うのです。「間違いない。こいつも一緒だった。こいつもガリラヤの人間だから」。

否定しても、否定しても、気づかれてしまうのです。主イエスの弟子であること、主イエスの仲間であることを、隠すことができないのです。「ガリラヤの人間だから」というのは、恐らく言葉にガリラヤ地方のなまりが入っていたのでしょう。しかしペトロがここで話した言葉は、ほんの一言か二言です。それでも知られてしまう。主イエスもガリラヤのなまりのある言葉を話されたでしょう。それと同じ言葉を、ペトロも話した。言葉だけではありません、生活もずっと一緒だったのです。

第一、こうやって主イエスに従って大祭司の家まで、敵のまっただ中までやってきて、主イエスがどうなるのか気になって、疑われながらも、一時間も同じ所にがんばっているのではないですか。その正体を隠そうといっても無理です。自分がキリストに属する者であることは、その存在で、雰囲気で、言葉遣いで、知られてしまいます。

しかしながら同時に、こういうことも言えるのではないでしょうか。確かにこのときペトロは主イエスに従ってきました。敵のただ中にまで来たのです。しかしそれはもともとペトロが願ったことではありません。主イエスが彼を招いてくださったからそうなったのです。ペトロが主イエスの弟子になったのではない。主イエスがペトロを弟子にしてくださったのです。これはペトロだけではない。わたしたちもそうです。わたしたちが主イエスの弟子になったのではない。主イエスがわたしたちを弟子にしてくださったのです。ですから、ペトロがここで自分が主イエスの弟子であることを否定しようと、それですべてが否定されてしまうわけではない。ペトロが「自分は主イエスなどという人は知らない」と、いくら言い張ろうと、主イエスの方が「いや、わたしはペトロを知っている。あれはわたしの弟子だ」と言い続けてくださる限り、主イエスとペトロの関係は切れないのです。何度ペトロが否定しようと、周りの人々がそれを認めないのは、主イエスとペトロの間にあるこの関係を人々が感じ取っているからではないだろうか。そしてそれこそが、弟子である者が依って立つところではないのか。わたしはそう思うのです。

しかしこのときのペトロは必死です。「あなたが何を言っているのかわからない」と言って三度打ち消す。そして、その言葉が終わらないうちに、突然、夜明けが近いことを知らせる鶏の声が辺りに響いたのです。そしてその声を聞いて、見張りに囲まれていた主イエスが振り返ってペトロを見つめられた。恐らくそれまでペトロに目を向けることもなく、見張りの者たちに殴られ、侮辱を受けておられたのでしょう。その主イエスが、そのとき顔を上げ、振り向いてじっとペトロを見つめられた。

まっすぐに自分に向けられたその主の眼差しを受けて、ペトロは思い出すのです。「今日、鶏が鳴く前にあなたは三度わたしを知らないと言うだろう」と言われた主イエスの言葉を。そして外へ出て激しく泣くのです。

「シモン、シモン、サタンはあなたがたを、小麦のようにふるいにかけることを神に願って聞き入れられた。しかし、わたしはあなたのために、信仰が無くならないように祈った。だから、あなたは立ち直ったら、兄弟たちを力づけてやりなさい。」するとシモンは、「主よ、御一緒になら、牢に入っても死んでもよいと覚悟しております」と言った。イエスは言われた。「ペトロ、言っておくが、あなたは今日、鶏が鳴くまでに、三度わたしを知らないと言うだろう。」（ルカによる福音書二二章三一－三四節）

このときペトロが思い出したのは、この主イエスの言葉だった、とルカは言うのです。この言葉を思い出して、彼は外に出て激しく泣いた。けれども、恐らく思い出したのは、この最後の言葉だけではなかっただろうと思います。このときの出来事の全体を思い出しただろうと思う。もちろん、初めに思い出したのは、「あなたは今日、鶏が鳴くまでに、三度わたしを知らないと言うだろう」という言葉だったに違いない。

しかしその前に、ペトロはこう言っているのです。「主よ、御一緒なら、牢に入っても死んでもよいと覚悟しております」。あなたと一緒なら、死んでもいいと言ったのです。その言葉に、嘘偽りはなかったと思います。本当にそう思ったのです。そしてそう思ったのなら、そのとおりに行動すればよかったのです。でもそれができなかった。まるでそんな覚悟など初めからなかったかのように、たったひとりの女性の言葉におびえて、あれほど大切に思ってきた主イエスとの関係を、自分から否定してしまった。「わたしはあの人を知らない」と言ってしまった。聖書協会共同訳では、この言葉を「あんな人など知らない」と訳しました。恐らくこの方が、事実に近いでしょう。「あんな人など知らない」と言ったのです。しかも三度も繰り返して、主イエスとの関係を全否定してしまった。そこに突然現れてしまった自分の弱さ、情けなさ、卑怯で卑劣な振舞い。そういうものに愕然《がくぜん》として、彼は男泣きに泣くのです。

その後、ペトロがどのようにしたのか、ルカは書いていません。少なくとも男泣きに泣いて、その後で悔い改めて、群衆のもとへと戻って、「自分は主イエスの仲間だ」と宣言したわけではない。恐らく、他の弟子たちの後を追うようにして、彼も逃げたに違いない。そういう意味では、結局彼も、他の弟子たちと同じだったと言えるでしょう。主イエスの後に従って大祭司の家にまで来たものの、従い通すことはできなかったのです。この出来事は、弟子であるペトロにとって生涯で最大の敗北の出来事であり、悔やんでも悔やみきれない出来事だったのです。

しかし、ここでわたしたちが忘れてならない事実があるのです。彼にとって恥でしかなかったこの出来事、自分の記憶の中から一刻も早く追い出してしまいたいと思ったであろうこの出来事を語り伝えたのは、他でもないペトロ自身だったということです。弟子たちの中でここにいたのは彼だけだったのですから、隠し通そうと思えばできたのです。しかし、彼はこれを隠しませんでした。逆に語り伝えたのです。それも、自分の情けなさを開けっ広げにして、人々の共感と同情を得ようとしてではありません。福音の出来事として、この上ない喜びの出来事として、これを語り伝えたのです。他の人たちに、ぜひ聞いて欲しい出来事としてこれを語ったのです。そして教会はこれを、この上ない喜びの出来事として、そして、教会が依って立つべき福音の出来事として大切に語り伝えたのです。どうしてでしょう。どうしてこれをペトロは喜びの出来事として語り伝え、教会は大切な福音として、語り伝えたのでしょうか。

ペトロが三度主イエスとの関係を否定して、鶏が鳴いたとき、主は振り向いてペトロを見つめられたとルカは書いています。この箇所について研究している多くの人が興味を持っていることは、このときの主イエスの目は、どんな目だったのか、ということです。どういう眼差しで、主はペトロを見つめられたのか。多くの人が、それは赦しの眼差しだっただろうと言います。そうでなければ、ペトロは立ち上がれなかっただろう、と言うのです。そうかもしれないと思います。他方、わたしが用いているルカの福音書の注解書にははっきりと、「これはペトロを叱責する目だった」と書いています。いろいろな想像ができるのですが、しかし聖書はここで、赦しであるとも、叱責であるとも語っていないのです。ただペトロを見つめられた、と書いてあるだけです。

もちろんその目は、三度も主イエスを知らないと言ってしまったペトロを見ているのです。その弱さの現実を見ているのです。その点において、厳しい目であると言っていい。しかし同時に、その目はペトロを見放してはしまわないのです。こんな人間はもう弟子とは呼べない、と言わんばかりに目を背けてしまうことはなさらないのです。その目はじっとペトロを見続けている。その点においで、なおペトロの内に希望を見ておられるのです。

ペトロは自分自身に絶望したかもしれません。こんな自分はもうだめだと思ったかもしれません。しかし主イエスは絶望なさらない。ごまかしなく弟子の現実を見つめながら、なお希望を失わないのです。「あなたの信仰が無くならないように、あなたのために祈った」と言われた主イエスの眼差しです。この眼差しの中で、ペトロは再び立ち上がることができたのだと、わたしは思います。

主イエスはペトロのために祈っていてくださいました。しかしながら、よく考えますと、これは不思議な祈りです。主イエスは「あなたの信仰が無くならないように、あなたのために祈った」と言われたのです。これからペトロが厳しい経験をすることが、主イエスにはわかっておられた。悪魔が彼をふるいにかけるのです。ペトロだけではありません。弟子たち全員を小麦のようにふるいにかけた。

当時、脱穀した麦と、もみ殻を別けるのに風の力を用いました。風のあるところで麦ともみ殻を放り上げる。そうすると中身のないもみ殻は風で吹き飛ばされて、中身のある麦だけが残ります。

お前たちは本物か。中身があるか。そう言いながら、悪魔は彼らをふるいにかけるのです。他の弟子たちは、真っ先に風に飛ばされてしまって、中身のない空っぽな人間であることが明らかになってしまった。ペトロひとり、食い下がってがんばってきたけれど、最後には彼も風に飛ばされて、中身のない人間であることが、明らかになってしまう。主イエスには、それが見えていたのです。弟子たちが、悪魔のふるいにかけられて、皆、中身のないからっぽな人間であることがはっきりしてしまう。それが見えていたのです。だから祈ってくださった。彼らの信仰が無くならないように、祈ってくださったのです。

ですが、信仰が無くならないようにとは、どういうことでしょうか。主イエスは、彼らが試練に耐えられるようにと祈ったのではないのです。ふるいにかけられても落ちないように、と祈ったのではない。「信仰が無くならないように」と祈ったのです。これはどういうことでしょう。ふるいにかけられても落ちないように、彼らの中にしっかりした中身があるように、と主は祈られなかった。信仰が無くならないように祈られたのです。

信仰というのは、信じることです。だれを信じるのか。主イエスを信じるのです。もし中身があったなら、悪魔の試練にも負けない強さがあったなら、自分で立つことができるし、自分で生きることができるのです。しかし信仰というのは、そういうものではないのです。自分の中に何かがあるのではない。むしろ自分の中には何もないのです。そういう自分を、主イエスはなおも御自分の弟子として愛してくださる。その主イエスの中にある愛と真実を信じる。これが信仰です。

自分の情けない姿に直面して自分の中に信頼できる確かなものは何もないことが明らかになってしまったときに、主イエスの中にある確かなもの、確かな愛、確かな真実、それを信じて、それに依り頼んで立ち上がる。それが信仰です。

その信仰が無くならないように、主イエスは祈られたのです。その信仰がありさえすれば、あなたは立てる。だからあなたが立ち直ったときには、兄弟たちを力づけてやりなさい。御自分との関係を三度も否定してしまったペトロをじっと見つめてくださった主イエスの眼差しが、この主イエスの言葉を、ペトロに思い起こさせたのだとわたしは思うのです。

この主イエスの言葉が語られた箇所の前に、弟子たちの間で、だれがいちばん偉いだろうかという議論が起こったと聖書は書いています。それに対して主イエスが、いちばん偉い人はいちばん若い者のようになり、上に立つ人は、仕える者のようになりなさい、と教えられました。だれがいちばん偉いか。たぶんあの人だろう。いやこの人かもしれない。そういう議論がなされている中で、ペトロも、自分がいちばん偉いのだ、という主張をしたかもしれません。あるいは口には出さなくても、心の中でそう思っていたかもしれない。偉さというのは、自分の中にあるのです。だれがいちばん偉いかというのは、自分の中にあるもので競争をしているのです。そして、自分の中にあるものを誇りにし、頼りにしながら生きている限り、他の人に仕えることはできないし、本当の意味で他の人を助けることはできません。

だから主イエスは「あなたの信仰が無くならないように、あなたのために祈った」と言われたのです。自分の中にあるものではなく、わたしの中にある愛を頼みとして、わたしの中にある真実に依り頼んで、生きてもらいたい。そうしたら立ち直れる。もう一度立てる。そして、兄弟たちを力づけることができるようになる。本当の意味で、兄弟姉妹を助けることができるようになる。ペトロ、あなたにそうなってもらいたい。主イエスは、そう言われた。

そしてこの主イエスの言葉の意味がすべてわかったときに、ペトロは立ち直ることができたと思うのです。いや、立ち直ったというよりも、そのときから、本当の弟子としてのペトロの歩みが始まったのだと、わたしは思うのです。

教会は、この主イエスの愛と真実によって生きるのです。ペトロのために祈ってくださった主イエスは、わたしたちのためにも祈ってくださいます。信仰が無くならないように、あなたのためにも、あなたの隣りにいる人のためにも、主イエスは祈ってくださいます。たとえ倒れることがあっても、この祈りが途絶えることはありません。この祈りに戒められ、支えられて、わたしたちも生きる。兄弟姉妹を力づける者として、わたしたちも生きることができる。それが主イエスの弟子であるわたしたちの信仰です。

「嘲笑」
Nao inoue：井上直

《十字架》 二〇一八年三月二九日 聖晩餐礼拝説教より

見捨てられた神の子

マルコによる福音書一五章三三－三九節

昼の十二時になると、全地は暗くなり、それが三時まで続いた。三時にイエスは大声で叫ばれた。「エロイ、エロイ、レマ、サバクタニ。」これは、「わが神、わが神、なぜわたしをお見捨てになったのですか」という意味である。そばに居合わせた人々のうちには、これを聞いて、「そら、エリヤを呼んでいる」と言う者がいた。ある者が走り寄り、海綿に酸いぶどう酒を含ませて葦の棒に付け、「待て、エリヤが彼を降ろしに来るかどうか、見ていよう」と言いながら、イエスに飲ませようとした。しかし、イエスは大声を出して息を引き取られた。すると、神殿の垂れ幕が上から下まで真っ二つに裂けた。百人隊長がイエスの方を向いて、そばに立っていた。そして、イエスがこのように息を引き取られたのを見て、「本当に、この人は神の子だった」と言った。

今年もレントの時に、教会員の証と祈りの会が開かれます。ひとつひとつ心に残る会が行われていることを、感謝しています。その中で、繰り返し語られる言葉があります。「主イエスが、このわたしの罪のために十字架で死んでくださった」という言葉です。多くの人が、証の中でこの言葉を口にされました。レントというのは、主イエスの御受難を思う時でありますから、こういう言葉が語られることは当然のことです。そこで言われている「主イエスが、このわたしの罪のために十字架で死んでくださった」とはどういうことか。それを語っているのが、今日の箇所です。

ここに主イエスが十字架の上で叫ばれた言葉が伝えられています。実は福音書は、主イエスが十字架の上で語られた言葉を七つ記録しています。ひとつひとつがわたしたちの心を打つ言葉です。しかし、その中でも今日の箇所が伝えているこの言葉は、わたしたちの心を打たないではおかない言葉だと思います。

主イエスは十字架の上で、大声で叫ばれた。

「エロイ、エロイ、レマ、サバクタニ。」

「わが神、わが神、なぜわたしをお見捨てになったのですか。」

あらん限りの大声を出して、そう叫ばれたのです。そして最後にもう一度大声を出して、息を引き取られた。このときに、何と言われたのかはわかりません。大声で叫ばれたとしか書いてない。同じ言葉を繰り返されたのかもしれません。あるいは、すべてを言い切らずに、途中で息が絶えたのかもしれません。とにかく二度、大声をあげて息を引き取られた。これが、「わたしたちの罪のために、十字架で死んでくださった」主イエスの死に方だったのです。

主がこの言葉を叫ばれたときに、全地は暗くなったと聖書は書いています。

昼の十二時になると全地は暗くなり、それが三時まで続いた。

およそ三時間にわたって、暗闇が全地を支配したのです。これは天体の動きによる自然現象ではありません。考えられるのは、月が太陽を隠してしまう日食ですが、日食は新月のときに起こるものです。イースターは、春分の日を過ぎた次の満月の次の日曜日です。ですから今は満月のときなので、日食は起こりません。月が太陽を覆ったのではないのです。それでは何が覆ったのか。人間の罪です。神の子を十字架で殺すという人間の罪が太陽の光を覆って、この世を暗闇にしたのです。

しかしながら、改めてこの箇所を読みながら、少し違うことを考えました。それは、わたしたちこの世の人間が、普段明るい光のもとで生活していたのに、神の子である主イエスが十字架で殺されるというそのとき、その光が覆われて暗闇になったというのではないか、ということです。本当を言えば、わたしたちが普段明るい光のもとで生活していると思い込んでいることこそが間違いで、実はわたしたちは普段からずっと、罪の暗闇の中で生活しているのではないのか。それを、幻想を抱いて何となく明るいと思い込んでいるだけなのではないのか。主が十字架で殺されるというこのときに、その幻想が取り払われて、この世を支配している罪の暗闇がその姿を見せたということではないのか。そう思うのです。

わたしたちが親しく学んでおりますハイデルベルク信仰問答は、「救い」を慰めを知っていることとして捉えています。ですからこの信仰問答は慰めを問う問いから始まるのです。そしてその次に問うことは、その慰めの中で生き、また死ぬためには、いくつのことを知らなければなりませんか、ということです。わたしたちが救われるために知らなければならないことはいくつあるか、ということです。

答えは三つです。第一に、わたしの罪とわたしの悲惨とが、どんなに大きいかということ。次に、わたしがどのようにしてそこから救われるかということ。そして最後に、この救いに対して、どんなに感謝すべきかということです。わたしはこの最後の、どんなに感謝すべきかを知らなければならない、というのは、とても大切だと思います。どのようにして救われるか、と言われれば、主イエスの十字架の贖いによって救われる、と答えるのです。こういう答えは、クリスチャンならだれもが答えることができます。けれども問題は、そういうことを言葉で知っているということではないのです。そうではなくて、それがどれほど感謝すべきことかを知っているということなのです。言い換えれば、どんなに感謝してもしきれないということを、知っているかということなのです。それを知らなければ、いくらキリストの十字架を語っても意味がないのです。そして、どれほど感謝してもしきれない、ということを知っている人なら、自分の生活を整えて主イエスに従うのです。それがこの信仰問答が教えていることです。

ここで第一に言われていることは、わたしの罪とわたしの悲惨とが、どんなに大きいかということです。まずそれを知らなければならない、というのです。

以前、礼拝で子どもたちに向かって、「主イエスは、周り中のすべての人から馬鹿にされて、唾をかけられて、十字架にはりつけにされた。わたしたちの目から見ると、本当に惨めに見えるけれども、主イエスは本当に惨めだったのか」と問いかけました。そうしたら、わたしは本当に驚きましたが、子どもたちが一斉に口を揃《そろ》えて、「違う、主イエスは惨めではない」、と言ったのです。わたしは、「そのとおりだ」と言いました。本当に惨めなのは主イエスではない。

周りにいる人たちです。周りにいる人たちというのは、第一に、ユダヤ人指導者たちです。主イエスという方が、見事な言葉と力で神さまを示されたことを妬み、何とかしてこの人を引きずり降ろしたいと企んで、けれども人前ではできないから、人目を避けて暗闇に乗じて主イエスを捕らえて、とうとう十字架につけてしまった人たちです。それから、主イエスを裏切って売り渡したイスカリオテのユダ、そしてその主を見棄てて逃げてしまった弟子たちと、主イエスが無罪であることを知りながら、群衆の力に押し切られて正しい裁きを放棄したローマ総督のピラトです。そういう人たちの罪が重なって、何の罪もない主イエスが十字架で殺されるという、起こってはならないことが起こったのです。

しかしながら、わたしたちの世の中では、このような起こってはならないことが、よく起こっているのではないでしょうか。わたしたちも自分よりも優れた人を妬みます。表面では調子のいいことを言いながら、陰で悪口を言ったりします。そして正しいことが何であるかを知りながら、周りの人の力に押し切られて、言い訳をしながら目をつぶってしまうことがあります。わたしたちは、皆同じような人間だから、こういうことは目立たずに、はっきりと見えないのです。だから深刻に受け止めなくて済んでいます。

けれども、これは本当に惨めなことです。人を妬むのは惨めです。人を見棄てたり裏切ったりするのは惨めです。正しいことを知りながら、目をつぶってしまうのは惨めです。わたしたちは、神さまの御心に従って生きるのは難しいと、心のどこかで思っています。けれども、御心に従って生きられないということは、本当は惨めなことなのです。そして自分の、この惨めさにきちんと向き合って、それを正面から受け止めなかったら、わたしたちに本当の慰めはないのです。そこをごまかしてしまったら、わたしたちが手にするのは、一時の気休めだけです。自分が死ぬかもしれないと思うときにも、わたしたちを立たせてくれる、本当の慰めではない。だから、自分の罪と悲惨とがどれほど大きいかを知っていることが、どうしても必要だとハイデルベルク信仰問答は語っているのです。

そのことをきちんとわきまえながら、しかしここで、もう少し主イエスの十字架を深く受け止めたいと思います。先ほど、十字架につけられた主イエスは惨めではないと子どもたちが答えたという話をしました。それはそのとおりです。けれども、もう少し深くこのとき主イエスに起こっていた出来事を考えると、それとは違う答えが出てくるのです。それは、このときの主イエスは確かに惨めだったということです。周りで主を侮辱している人たちも惨めですが、それよりも何倍も、何十倍も、主イエスは惨めなのです。主イエスが十字架の上で叫ばれたその叫びが、その惨めさを示しています。

「わが神、わが神、なぜわたしをお見捨てになったのですか。」

明らかにこのとき主イエスは神さまに見捨てられておられた。このとき神さまは罪の故に主イエスを十字架につけた周りの人々ではなく、何の罪もなく十字架につけられた主イエスを、お見捨てになったのです。

ある人は、このとき神さまは主イエスを絶望の淵に突き落とされたのだと言います。あるいは別の人は、このとき主イエスはほんの一瞬、神であることをおやめになったのだと言います。神であることをやめて、絶望の叫びを上げられたのだというのです。神さまが主イエスを絶望の淵に突き落とすとか、主が神であることをおやめになるなどということは、わたしたちの想像を超えることです。わたしたちの想像を超えることが、このとき十字架の上で起こっていたのです。

十字架を前にして、あるいは、十字架の上で、人々の嘲《あざけ》りをお受けになっている主イエスの姿を思うときに、わたしがいつも思い起こす言葉があります。旧約聖書のイザヤ書第五〇章五節以下の言葉です。

わたしは逆らわず、退かなかった。
打とうとする者には背中をまかせ
ひげを抜こうとする者には頰をまかせた。
顔を隠さずに、嘲りと唾を受けた。
主なる神が助けてくださるから
わたしはそれを嘲りとは思わない。（イザヤ書五〇章五―七節）

打とうとする者に背中をまかせ、ひげを抜こうとする者には頰をまかせる。

そして顔を隠さずに嘲りと唾を受ける。これは主イエスが、十字架にかかる前に、そして十字架の上で、周囲の人々から受けた仕打ちそのものです。そして主イエスはそこから逃げようとはなさらなかったのです。すべて黙ってお受けになったのです。どうしてそんなことがおできになったのか。ここに書いてあるとおりです。「主なる神が助けてくださるから、わたしはそれを嘲りとは思わない」。そうなのです。

主イエスにとって、父なる神さまがいてくださるなら、父なる神さまが、御自分の神としていてくださるならば、どんな苦しみも、どんな嘲りも、問題ではないのです。そんなものは苦しみではないし、嘲りでもないのです。全部受けたって問題ではないのです。神さまが助けてくだされば。

しかし今、その神さまがそばにおられないのです。助けてくださらないのです。いやそれだけではない。もっと厳しいことに、父なる神さまが主イエスをお見捨てになったのです。いちばん厳しい状況にいるときに、いちばん神さまの助けを必要としているときに、その神さまが主イエスをお見捨てになったのです。はっきりと神さまは、主イエスの敵になられたのです。そのようにして神さまが主イエスを絶望の淵に突き落としてしまわれたのです。そこでは、すべての苦しみが苦しみとして、すべての嘲りが嘲りとして、そのまま主イエス御自身の身に襲いかかってくる。これがどれほど厳しいことであったか。わたしたちには想像もできません。

このとき主イエスが叫ばれた言葉は、旧約聖書の詩編第二二編の初めの部分です。

わたしの神よ、わたしの神よ
なぜわたしをお見捨てになるのか。
なぜわたしを遠く離れ、救おうとせず
呻きも言葉も聞いてくださらないのか。
わたしの神よ
昼は、呼び求めても答えてくださらない。
夜も、黙ることをお許しにならない。（詩編二二編二－三節）

読めばすぐに、これが十字架の上で叫ばれた主イエスの言葉と同じだと、わかります。これが十字架の上で叫ばれた主イエスの言葉の真意です。そういうことから、主イエスは十字架の上で、この詩編を口になさったのだと言う人もいます。幼い頃から慣れ親しんできたであろう言葉を、主はそのとき口になさったのだと。そしてこの詩編の最後は、神さまに対する信頼の言葉で終わるのです。だから十字架の上でも、主は神さまに対する信頼を失ってはいなかったと考えるのです。あるいは、そういうことも言えるかもしれません。

けれどもわたしは、このとき主は単にこの詩編の言葉を口になさったのではないと思っています。主は大声で叫ばれたのです。神さまに向かって、「わが神、わが神」と叫ばれたのです。それは必死の叫びだったのです。決して単に詩編の言葉を口にされたのではないのです。そしてそのとき、主はまさにこの詩編が語っている厳しい状況の中におられたのです。この詩編の言葉は、こう続きます。

わたしは虫けら、とても人とはいえない。
人間の屑《くず》、民の恥。
わたしを見る人は皆、わたしを嘲笑い

唇を突き出し、頭を振る。
「主に頼んで救ってもらうがよい。
主が愛しておられるなら
助けてくださるだろう。」（七－九節）

それからこう言います。

雄牛が群がってわたしを囲み
バシャンの猛牛がわたしに迫る。
餌食を前にした獅子のようにうなり
牙をむいてわたしに襲いかかる者がいる。
わたしは水となって注ぎ出され
骨はことごとくはずれ
心は胸の中で鑞《ろう》のように溶ける。
口は渇いて素焼きのかけらとなり
舌は上顎にはり付く。

あなたはわたしを塵と死の中に打ち捨てられる。（一三―一六節）

いったいだれが、餌食を前にした獅子のようにうなって、主イエスに襲いかかるのでしょうか。いったいだれが、この主イエスに水となって注ぎ出されるような思いを、骨がことごとくはずれて心が胸の中で鑞のように溶けて、口が渇いて素焼きのかけらのようになり、舌が上顎にはり付くような経験をさせるのでしょうか。

そんなことをこの方に対してできるのは、ただおひとりしかいません。神さまだけです。主イエスが、アッバ、父よと繰り返し呼んでお祈りをなさった、その父なる神さまだけです。その方が、今、餌食を前にした獅子のようにうなり声をあげて主イエスに襲いかかっている。そして主イエスを、塵と死の中に打ち捨てられるのです。

いったいどうしてこういうことになるのか。理由はひとつしかありません。主イエスが、わたしたちの罪を負われたからです。「主イエスは、わたしたちの罪のために十字架で死んでくださった」とわたしたちは言います。そのとおりです。でも、「わたしたちの罪のために十字架で死ぬ」ということは、単に肉体の命を犠牲になさったということではないのです。神さまの本当に激しい攻撃を受けることです。主イエスでさえも大声で叫ばなければならないほどの大きな苦しみを、受けることです。わたしたちの罪を負うとは、こういうことです。そしてそれは、わたしたちの罪と悲惨とが、どれほど大きいかを示すのです。わたしたちはだれもが同じようなものだと思いながら、自分の罪と悲惨さをきちんと受け止めることをしません。

しかし、主イエスはそのわたしたちの罪と悲惨さを、そのまま受け止められたのです。そしての罪に対する、本当に厳しい神さまの裁きをお受けになったのです。「わたしたちの罪のために死んでくださった」とは、こういうことだということを、わたしたちは心に刻んでおかなければなりません。そうでなければ、死ぬまで何十年信仰生活をしようと、本当の恵みを知らずに生きてしまうことになるのです。

そして同時に、もうひとつわたしたちがこの主イエスの姿から教えられることがあります。それは、このわたしたちの罪が曖昧にされ、そのままにされることは、決してないということです。わたしたちが神さまを無視して生きていること、神さまの御心に従わないで生きているというそのことが、そのままにされることは決してないということです。必ず裁きがある。わたしたちの罪は、神さまにとって最大の問題です。わたしたちはあまり問題にしないかもしれませんが、神さまはそれを問題になさる。神さまは、その全能の力のすべてを注ぎ込んで、この罪と戦われる。何としてでもわたしたちを、この罪の支配から解放しようとなさる。御自分の独り子である方を、惨めさのどん底に突き落としてでも、絶望の淵に叩き込んででも、わたしたちを罪の支配から解放しようとなさるのです。

そして主イエスは、死に至るまで、それも十字架の死に至るまで、この神さまの御心に従順に従われました。絶望の叫びを上げるところまで真実に、この神さまの裁きのすべてを受け尽くしてくださったのです。

そしてそのようにして主イエスが息を引き取られたときに、神殿の幕が上から下まで真っ二つに裂けたのです。この幕は、神殿のいちばん神聖な場所を覆っている幕です。そこは神さまがおいでになる場所で、大祭司が年に一度だけ入ることを許されていた、そういう聖なる場所です。その幕が裂けたのです。

もう神さまは幕の向こう側に隠れておられない。神はこの十字架の上におられる。十字架の上で血を流しながら、このようにしてわたしはあなたがたを罪から救うのだという御心を明らかにしてくださった。

その主イエスのお姿を見て、ローマの兵隊が、「本当にこの人は神の子だった」と言いました。今まで、幕の向こう側におられた方が、今自分の目の前にいるということが、わかったのです。主イエスの死に方を見て、このような死に方ができるのは、神さましかいない、ということがわかったのです。

皆さん、主イエスが、わたしたちの罪のために十字架で死んでくださったとは、こういうことです。主イエスによって、わたしたちが救われているとは、こういうことです。本当は、わたしたちが受けなければならない裁きを、主イエスが受けてくださったとは、こういうことです。いったいわたしたちの神さま以外のどういう存在が、これほどまでの犠牲を払って、わたしたちを罪から救い出そうとしてくださるでしょうか。

聖書は、神は愛であると語ります。それは本当です。主イエスは、わたしたちを愛してくださると言います。それも本当です。けれどもその愛は、わたしたちに何か少しよいことをしてくださるというような愛ではありません。御自分のすべてを注ぎ込んででも、わたしたちを罪から救い出そうとする愛です。この神さまの愛の中で、この主イエスの愛の中で、わたしたちは本当の慰めを知るのです。

「執筆中のパウロ」
Valentin de Boulogne：ヴァランタン・ド・ブーローニュ

《パウロの手紙》 二〇一〇年四月一日 聖晩餐礼拝説教より

キリストがわたしの内に

コリントの信徒への手紙一 一一章二三－二六節

わたしがあなたがたに伝えたことは、わたし自身、主から受けたものです。すなわち、主イエスは、引き渡される夜、パンを取り、感謝の祈りをささげてそれを裂き、「これは、あなたがたのためのわたしの体である。わたしの記念としてこのように行いなさい」と言われました。また、食事の後で、杯も同じようにして、「この杯は、わたしの血によって立てられる新しい契約である。飲む度に、わたしの記念としてこのように行いなさい」と言われました。だから、あなたがたは、このパンを食べこの杯を飲むごとに、主が来られるときまで、主の死を告げ知らせるのです。

わたしたちが毎週の礼拝の中で祝っております聖餐は、主イエスが十字架にかかられる前の晩に、弟子たちと一緒になさった過越の食事を記念するものです。日本のプロテスタント教会では、毎週聖餐式を行う教会は少数ですが、もともとキリスト教会の礼拝は、聖餐式から始まりました。

聖書の使徒言行録の中に、週の初めの日に、パンを裂くために集まった、という記事があります。週の初めの日、つまり日曜日に集まって、パンを裂く。それがキリスト教会の最初の礼拝です。それまではクリスチャンたちも、ユダヤ人と一緒に礼拝をしていました。ユダヤ人は安息日である土曜日に集まって、旧約聖書を読み、その説き明かしを聴くという礼拝をしていました。そこから分かれて、自分たちの礼拝を始めようとしたときに、クリスチャンたちが最初に始めたのが、「日曜日に集まってパンを裂く」ということだったのです。

礼拝にとって欠かせないことは、そこに神さまがおられることです。クリスチャンたちにとって、もっともはっきりと神さまが御自身を示された出来事、それが、聖晩餐の出来事だったのです。聖晩餐の席で、パンとぶどう酒を差し出された、主イエスのお姿の中に、もっともはっきりと、御自身を示しておられる神さまのお姿を見たのです。わたしがいるのだ、という神さまの声を聴いたのです。だからそれを、礼拝の中心に据えたのです。この聖餐式と、その出来事を説き明かす説教が、教会の礼拝の中心にあるものです。

今日の聖書の箇所は、その聖餐をわたしたちに伝えている伝道者パウロの言葉です。この言葉の始めに、パウロは「わたしがあなたがたに伝えたことは、わたし自身も受けたことです」と言っています。パウロはコリントの教会の人たちに、神さまを礼拝することを教えました。パンを裂き、ぶどう酒を分ける。それが教会の礼拝なのだと教えたのです。けれどもそれは、パウロ自身も受けたことだと言うのです。自分が受け継いだことを、コリントの教会に伝えたのです。

「これが大事なことだ、受け継いでもらいたい」。教会はそのようにして、大切なものを、受け継いできました。教会がやっていることは、自分たちが考え出した、というようなものではありません。大切なものは、受け継いだものです。それを大事なものとして、後の世代に伝えていく。それがわたしたちの姿勢です。

最近は、洗礼を受けていなくても、聖餐に与っていいではないか、というようなことが言われるようになりました。けれどもわたしたちの教会では、聖餐に与るのは、洗礼を受けた人に限っています。教会が大切なものとして受け継いできたことを、自分勝手な解釈で変えてはならないと考えるからです。これは洗礼を受けていない人を排除したり、差別したりしているのではなく、ひとりひとりの決断を重んじているのです。この中にも、自分はまだ信仰告白をするに至っていません、という方がおられると思います。わたしたちは、そういう人の心を、大切にしたいと思う。まだ信仰告白ができません、という方が、いつか神さまの導きによって、告白ができる日が来る。その時を待つのです。それがひとりひとりを大切にすることだと、わたしたちは信じているのです。

そうやってコリントの教会に伝えた聖餐を、パウロは自分も受けたことだ、と言っています。自分が考え出したことではない。受け継いだのです。このときパウロは、それを「主から受けたものです」と言っています。主イエスから受け継いだのだ、と言うのです。でも、主イエスが弟子たちと聖晩餐を共にされたとき、パウロはそこにいませんでした。パウロが弟子になったのは、ずっと後のことです。ですからパウロも、聖餐式を先輩の弟子から受け継いだのです。「これがわたしたちの礼拝だ」と教えられたのです。しかしながらそのことを彼は、先輩に教わったとは言わないのです。「主から受けた」と言うのです。正確には先輩の弟子を通して、主から受け継いだというのです。それならばコリントの教会も、パウロから受け継いだのではない。主イエスから受け継いだのです。

わたしたちもそう信じています。わたしたちが毎週の礼拝で行っている聖餐式は、主イエスがわたしたちに与えてくださったものです。だから大切に、わたしたちはこれを守っているのです。

その聖餐について、パウロは初めにこう言っています。

主イエスは、引き渡される夜、パンを取り、感謝の祈りをささげてそれを裂き、「これは、あなたがたのためのわたしの体である。わたしの記念としてこのように行いなさい」と言われました。

これがパウロが主イエスから受け継いだことです。これは、弟子たちと過越の食事をなさったときに、主イエスがなさったことです。その夜のことを、パウロは、主イエスが「引き渡される夜」と言うのです。こういう言葉に注意を向けることはあまりないのですが、しかしここでパウロが用いている「引き渡される」という言葉は、主イエスの十字架の出来事を語るときに、頻繁に用いられる言葉です。主イエスが十字架にかかられたのは、どういう出来事であったか。それは主が「引き渡された」出来事だったというのです。

例えばお金を取って引き渡す、と言えば、それは売り渡すことです。人を売り渡す、というのは、裏切ることです。そういう意味で、最初に主イエスを引き渡したのは、イスカリオテのユダです。彼が主イエスをユダヤ人の指導者たちに引き渡しました。この聖晩餐の出来事があってすぐ後のことです。主イエスを引き渡されたユダヤ人の指導者たちは、夜通し裁判を行い、死刑の判決を下して、翌朝、ローマ総督ピラトに、主イエスを引き渡します。ピラトもまた裁判を行って、十字架につけるという判決を下して、主イエスを兵士たちに引き渡すのです。そして兵士たちは、主イエスをさんざん侮辱したあげくに十字架につけて、主イエスを死に引き渡します。

これが「引き渡される夜」と、その翌日に起こったことです。そしてこのとき、弟子たちは主イエスを見捨てて逃げてしまいました。弟子のペトロだけ踏みとどまって主イエスの跡をついていくのですが、問いつめられて、主イエスを知らないと三度も言ってしまう。主イエスが引き渡されている、その出来事の前で、本当に無力な姿をさらしてしまうのです。あるいは、積極的にではなくても、消極的な形で、弟子たちも引き渡しに加担したと言ってもいいかもしれません。そのようにして、このとき主イエスのまわりにいた人のすべてが、主イエスを引き渡したのです。

しかしながらこのとき主イエスにとって本当に問題だったのは、このような主イエスのまわりにいた人たちの手による「引き渡し」ではなかったと思います。もっと問題なことがありました。それは、父なる神さまが、主イエスを人間たちの手に引き渡されたということです。人間が主イエスを引き渡すことができたのは、神さまがまず主イエスを引き渡されたからです。罪の贖いの供え物として、主イエスを神さまが引き渡されたのです。だから主イエスは甘んじてすべての引き渡しをお受けになったのです。何をされても黙って引き渡されておられた。このことが、父なる神さまから出たことだと知っておられたからです。父なる神さまは、これらの人間たちが、生きることができるように、御自分を引き渡されたのだということを知っておられたからです。

このとき、主イエスを引き渡した人々の思いはさまざまだったでしょう。しかしながら教会の信仰は、このときいろいろな思いに動かされて主イエスを引き渡した人々の姿を、ひとことでこう言い表しています。「惨め」です。

弟子のユダは、銀貨三〇枚で主イエスを引き渡しました。それは、主イエスが彼の期待したような救い主でなかったからです。初めはこの人がいいと思って付き従っていたのに、その人が自分の期待に応えないとわかると、当時の労働者のひと月分の収入と同じ金額で売り渡してしまう。それは、主イエスにはそれだけの値打ちしかないと考えていたからです。そんなふうにしか、人を見ることができないのは、惨めです。陰で行われたこの行為の中に、ユダという男が抱えていた惨めさが明らかになっているのです。

ユダヤ人の指導者たちが主イエスを引き渡したのは、妬みのためです。自分よりもはるかにすぐれた人、はるかに美しく、立派な人。そういう人を見て、賞賛し、その教えに従うよりも、相手を妬んで、引きずり降ろしてやりたいと思う。しかも公然とそのことを行えないので、夜、人目につかないようにそのことを行う。その中に、この人たちの持っていた惨めさが明らかです。

弟子たちが主イエスを見捨てて逃げたのは、自分を守るためです。このまま主イエスと一緒にいたら、自分たちの身にも危険が及ぶ、と考えたからです。だから逃げてしまった。あるいは必死になって、自分は主イエスとは何の関係もないのだと言ってしまった。自分を守るためにいちばん大切な人を見捨ててしまう人間は、惨めです。

今年もレントの証と祈りの会をしています。毎年のことですが、ひとりひとりの証に、心を動かされながら、聴かせていただいています。一年の間、平和な日々を与えられました、という感謝の証も少なくありません。しかしその一方で、自分の罪深さを、身にしみて感じさせられています、という証をした方がおられます。人を愛することが、本当に難しいのです、と言われた方もおられる。あるいは、自分のまわりで起こっている、喜ばしくない出来事の原因は、このわたしです、という証をされた方もおられる。そういう証をされる方々は、本当にそのことに心を痛めて、証をされるのです。そしてそれを聴くわたししたちもまた、心を痛めながらそれを聴きます。自分とは関係のないことだとは思えないのです。自分がこの人と同じ立場にいたら、同じ事をしていなかったと言えるか、そういう思いになるのです。

何かで読んだことがあるのですが、地獄の入口には、「ここから入る者はすべての望みを捨てなければならない」と書いてあるそうです。けれども、望みを失うだけなら、何も地獄まで行く必要もありません。自分の姿を、そのありようを、ごまかさないで、きちんと見たらいい。自分の心の中にある正直な思いを、そのとおり、きちんと見つめたらいい。それだけで十分です。そこに見えてくる自分の正直な姿は、何と情けない姿であることか。何と惨めな姿であることか。表面を取り繕っている分だけ、中身は惨めです。本当に、正直に、そう思う。

でも、だから主イエスが引き渡されたのです。いろいろな思いの中で、主イエスを引き渡した人間たちが、それでもなお、生きることができるように、父なる神さまは、主イエスを引き渡されたのです。そして主イエスは、供え物の羊のように、黙ってその引き渡しを耐えてくださいました。だれのためでしょうか。わたしのためです。このわたしがなお、生きることができるように、そのために主イエスは、引き渡されてくださったのです。

だから、このことを忘れないようにというのです。だから、主イエスがパンを取り、感謝の祈りを献げてそれを裂き、「これは、あなたがたのためのわたしの体である」と言って、わたしたちに食べさせてくださるのです。これは、あなたがたのためのわたしの体だ。あなたがたを生かすための、わたしの体だと言われたのです。そして続けて、「わたしの記念としてこのように行いなさい」と言われました。記念とは、念に記すことです。心に刻みつけるのです。あなたのために、わたしが死んだのだということを、あなたが生きられるように、わたしが命を捨てたのだということを、心に刻んでもらいたい。そうでなければ、あなたは生きられないだろう、と主イエスは言われるのです。

この主イエスの言葉を、最初に心に刻みつけたのは、主イエスの弟子たちだったでしょう。ごまかしようがないくらいにはっきりと、情けない自分たちの姿をさらけ出してしまいました。もう恥ずかしくて、だれの前にも顔を出すことができないと思っていたこの弟子たちが、後に初代教会の指導者になりました。人の上に立つ者、人を教える人間になったのです。そして、自分たちが逃げ出した、その物語を人々に語って聴かせたのです。本当だったら恥ずかしくてだれにも言えないような話です。福音書の中から消し去ってしまいたいような話です。けれども彼らは恐れず、大胆にその話をし続けました。主イエスが、自分のために死んでくださったからです。このわたしのような人間を生かすために、神の子が命を捨ててくださったからです。そのことが本当にわかったときに、もう何も怖いものはなくなりました。自分たちには、何もないこと、だから何も失うものがないことがわかったからです。あるのはただ主イエスの恵みだけ。この自分のために、引き渡されてくださった、その主イエスがあるだけです。だからただひたすら、その主イエスの恵みを語る者になったのです。心の貧しい者たちは幸いだと、主イエスが言ってくださった、その言葉は本当だと、語り続ける者になったのです。

そしてパウロも、その信仰を受け継ぎました。「わたしがあなたがたに伝えたことは、わたし自身、主から受けたものです」とパウロが言ったとき、この先輩の弟子たちが経験したことは、彼らだけが経験したことではない、自分もまた経験したことだと、パウロは言っているのです。自分もまた同じ恵みに生かされている。「これは、あなたがたのためのわたしの体である」と言って差し出されたパンは、間違いなくこの自分のためのパンだということを、パウロは知っていた。そう思うのです。

そしてそのパウロは、今日の箇所の最後で、こう言いました。

だから、あなたがたは、このパンを食べこの杯を飲むごとに、主が来られるときまで、主の死を告げ知らせるのです。

こう語って、わたしたちをも、その恵みの中に招いている。「あなたがたもまた、聖餐に与るたびごとに、主の死を告げ知らせるのだ」というのです。主イエスは、あなたのために死んでくださったのです、と告げ知らせる。だからあなたも生きられる。どんなに自分がだめだと思っても、希望がないと思っても、でもあなたは生きられる。主イエスが、あなたのために死んでくださったから。あなたも生きられる。そのことを告げるのだ、というのです。世界中の人々が、そのメッセージを必要としているからです。世界中のすべての人々が、このメッセージを聴く必要があるからです。

これから、聖餐に与ります。わたしたちのために命を捨ててくださった主イエスが差し出してくださるパンとぶどう酒に、共に与ります。わたしたちのために死んで、よみがえってくださった主イエスを仰ぎながら、パンとぶどう酒を受けたいと思います。その中に、わたしたちの希望があるからです。その中にしか、わたしたちの希望はないからです。

あとがき

説教をするときに、語ることを全部記した原稿を持って説教壇に上がる人と、要点を記したメモだけを持って上がる人がいます。

説教というのは、説教壇から牧師がひとりで語るのですが、実は聴き手との間の対話なのです。もちろん聴き手が声を出して応答することはありません。しかし、集中して聴いているときの緊張感や、そういう中でほっと息を抜いたときなどはよくわかりますし、またうなずいたり、首をひねったりなど、いろいろな動作によっても聴き手の思いは説教者に伝わります。それを機敏にとらえて語るためには、原稿を持たずに聴き手を見ながら語るのがよいのです。

ただわたしの場合は、説教の構想ができても、一度語ってみないとどういう言葉になるのかがわからないので、一通り語ってみて、それを書き留めると、それが原稿になります。曖昧だったところや、抜け落ちていたところも、言葉にしてみると、はっきりしてきます。そうやって説教ができるので、原稿を書くことが、説教を作ることです。原稿は最初の説教だ、と言ってもいいかもしれません。

原稿は部屋にこもってひとりで書く（実際はパソコンで打つ）のですが、書きながら、この言葉が聴き手の中にどういう応答を引き起こすかを想像します。経験を重ねて、これが的を外さずにできるようになりました。そうすると、聴き手と対話をしながら、原稿を書くことができます。そういう意味でも、原稿を書くことは最初の説教なのです。

わたしは説教の原稿を、芝居の台本のようなものだと考えています。役者が台本を読むときに、それを棒読みにすることなどありえません。声の大きさや強さ、抑揚や間の取り方など、考えながら読むはずです。原稿によって説教するのも、同じことです。ただそのためには、台本になるような原稿の書き方をしなければなりません。

今回、この説教集のために、そのようにして礼拝のために用意した原稿を提出したのですが、それはあくまでも、台本としての原稿で、わたし特有の言い回しのくせや、強調したいところは繰り返しが多くなるなど、読む説教としては不適当なところが多くありました。またキリスト品川教会の礼拝という固有の状況で語られたものなので、一般的でない表現も多くありました。そういうところを丁寧に指摘し、時には言葉を加え、あるいは修正して、語った説教の調子を残しながら、このような本に仕上げてくださった編集者の桑島大志さんの苦労は大きかっただろうと思います。返された説教原稿に書き込まれた修正点の多さに、初めは驚きましたが、よくよく読んでみると、なるほどと思うところが多くありました。丁寧な校正、編集の作業を根気強くしてくださったことを、心から感謝しています。また本を読む人が減って、特に説教集は売れにくいと言われている今の状況で、キリストを伝えるために、このような本を出版することを企画されたキリスト新聞社に、心からの敬意を表します。

このような経緯で生み出されたこの説教集を通して、イエス・キリストとその十字架による救いが、自分のためであったのだと気づいてくださる方がひとりでも起こされれば、これに勝る喜びはありません。

二〇二三年一月二三日

吉村和雄

― 著者紹介 ―

吉村 和雄（よしむら・かずお）

1949年、福島県いわき市生まれ。東京大学工学部卒業。東京神学大学大学院修士課程修了。
1990年～2021年、単立キリスト品川教会主任牧師。現在は同教会名誉牧師。

著書:『結婚の話』（日本伝道出版）、『泉のほとりで』、『ふたりで読む教会の結婚式』（キリスト品川教会出版局）、『聖書が教える世界とわたしたち』（GC伝道出版会）

訳書:『説教』F. クラドック著（教文館）、『歌いつつ聖徒らと共に』トマス・ロング 著（日本キリスト教団出版局）、『説教をめぐる知恵の言葉　上・下』（共訳）R. リシャー編（キリスト新聞社）、『詩編を祈る』W. ブルッゲマン著（日本キリスト教団出版局）

装丁：長尾 優

説教　最後の晩餐

2023年2月22日　第1版第1刷発行

著　者　吉 村 和 雄

発行所　株式会社 キリスト新聞社
〒162-0814 東京都新宿区新小川町9-1
電話 03-5579-2432
URL. http://www.kirishin.com
E-Mail. support@kirishin.com
印刷所　光陽メディア

ISBN978-4-87395-819-4　C0016（日キ販）